A ÉTICA DO SENTIDO DA VIDA
Fundamentos Filosóficos da Logoterapia

IVO STUDART PEREIRA

A ÉTICA DO SENTIDO DA VIDA
Fundamentos Filosóficos da Logoterapia

EDITORA
IDEIAS&
LETRAS

Direção Editorial:
Marcelo Magalhães

Conselho Editorial:
Fábio E. R. Silva
José Uilson Inácio Soares Júnior
Márcio Fabri dos Anjos

Preparação e revisão:
Maria Ferreira da Conceição
Thalita de Paula

Diagramação: Airton Felix Silva Souza

Capa: Tatiane Santos

Todos os direitos em língua portuguesa, para o Brasil, reservados à Editora Ideias & Letras, 2021.

3ª impressão
Edição revista e ampliada

EDITORA IDEIAS & LETRAS

Avenida São Gabriel, 495
Conjunto 42 - 4º andar
Jardim Paulista – São Paulo/SP
Cep: 01435-001
Editorial: (11) 3862-4831
Televendas: 0800 777 6004
vendas@ideiaseletras.com.br
www.ideiaseletras.com.br

Dados Internacionais de Catalogação na Publicação (CIP)
(Câmara Brasileira do Livro, SP, Brasil)

Pereira, Ivo Studart
A ética do sentido da vida : fundamentos filosóficos da logoterapia / Ivo Studart Pereira.
Aparecida, SP : Ideias & Letras, 2013.

ISBN 978-85-65893-10-7

1. Conduta de vida 2. Frankl, Viktor E., 1905-1997 3. Logoterapia I. Título.

12-13297   CDD-158.1

Índices para catálogo sistemático:

1. Logoterapia: Psicologia aplicada 158.1

A **Maria do Socorro Menezes Ferreira**
(1952-2008)
In Memoriam

— *Amar a vida, em vez do sentido da vida?*
— *Decerto. Amá-la antes de raciocinar, sem lógica, como dizes; somente então se compreenderá o sentido dela.*

(F. Dostoiévski, *Os irmãos Karamázov*)

AGRADECIMENTOS

A meus pais, Aldízio e Eliane, a cujo amor incondicional devo tudo que um dia vier a ser.

Aos Grandes Mestres com quem tive a honra de conviver na trajetória do Mestrado em Filosofia da UFC: Maria Aparecida Montenegro, Manfredo Oliveira e Guido Imaguire.

Ao Professor Luciano Marques de Jesus, pela grata e valiosa disponibilidade em integrar a banca examinadora.

Ao Conselho Nacional de Desenvolvimento Científico e Tecnológico (CNPq), pelo patrocínio institucional da pesquisa que gerou o presente livro.

SUMÁRIO

Apresentação - 11

Introdução - 13

1. O mundo e o sentido - 21

2. O homem e a vontade de sentido - 53
    2.1. O homem - 54
    2.2. A vontade de sentido - 85

3. A consciência moral - 105

Considerações finais:
Uma ontologização da moral - 131

Referências - 153

APRESENTAÇÃO

Este livro foi originalmente desenvolvido sob a forma de uma dissertação de mestrado, no seio do Programa de Pós-Graduação em Filosofia da Universidade Federal do Ceará, sob a orientação da professora dra. Maria Aparecida de Paiva Montenegro. A banca examinadora contou, ainda, com a presença dos professores drs. Manfredo Araújo de Oliveira (UFC) e Luciano Marques de Jesus (PUC-RS).

Mais do que a um desenvolvimento particular de um tema absolutamente original a partir de determinada teoria, a ideia inicial que motivou a produção deste trabalho diz respeito a uma necessidade própria de apresentar o pensamento de Viktor Frankl por meio do modo sistemático como eu o concebo em minha vivência pessoal. Isso se deve, da mesma forma, a uma insatisfação de minha parte para com as diversas representações – com frequência, distorcidas – da mensagem da logoterapia.

Muitos a identificam como uma seita religiosa legitimada academicamente, outros a apontam como uma "psicologia teologizada", ou, pior ainda, como uma "teologia psicologizada". Em Frankl, eu, particularmente, sempre a entendi, sobretudo, como uma ética. "Ética-vivida", por sinal, não a partir da lacuna entre experiência pessoal e construção teórica, mas, sim, no privilégio da vida enquanto força, não enquanto mero conceito. Nada mais apropriado, então, do que apresentá-la como tal: "a ética do sentido da vida". Minha intenção, logo, foi a de destrinçar, sistematicamente, o pensamento de Frankl, no intuito de explicitar como se pode conceber a terceira escola vienense de psicoterapia enquanto uma ética do sentido da vida, revendo-a, para tanto, no cerne de sua fundamentação filosófica.

Através de uma sistematização particular de três conceitos básicos, a saber: o de "sentido", o de "vontade de sentido" e o de "consciência moral", procurei articular um eixo de análise com o objetivo de explicitar a presença dessa "ética do sentido da vida" enquanto "ética da responsabilidade", evidenciando-se, aí, uma reconciliação entre ética e ontologia, através do que chamamos aqui de "ontologização da moral". Inicialmente, identificamos a questão do "sentido" como conceito-chave para a compreensão da visão de mundo que integra o pensamento de Frankl. Em seguida, passamos a um esforço de explicitação e análise da teoria antropológica da Logoterapia, dividindo-a em duas partes: "O homem" e "A vontade de sentido". A terceira categoria investigada diz respeito ao problema da legitimação do caráter imperativo do sentido, ponto em que nos depararemos com o questionamento ontológico radical do fenômeno da responsabilidade humana, entendida em sua relação com a transcendência.

Cabe mencionar que, no percurso investigativo, perpassamos vários temas caros à tradição filosófica, como o problema mente-corpo, o dilema das leituras psicológicas sobre a moralidade, a busca de um fundamento para a ética no contexto da derrocada das tradições e o conceito de pessoa. Nosso trabalho, então, tomará lugar nesse âmbito de envolvimento inevitável entre ética e psicologia, no mais, procurando, humildemente, seguir o desafio que o próprio Frankl nos legou: "Meu interesse não está em criar papagaios que reproduzem 'a voz do mestre', mas em passar a tocha acesa para 'espíritos independentes e inventivos, inovadores e criativos'" (FRANKL, 1985a, p. 128).

INTRODUÇÃO

Unilateralmente, dirigem-se meus ataques contra o cinismo que devemos aos niilistas e ao niilismo que devemos aos cínicos. Trata-se de uma circularidade entre doutrinação niilista e motivação cínica. E o que é necessário para estourar esse circulus vitiosus é: o desmascaramento dos desmascaradores (FRANKL, 1981, p. 132).

O pensador judeu Viktor Emil Frankl (1905-1997), psiquiatra e neurologista vienense, é o fundador da chamada logoterapia, escola psicológica de caráter fenomenológico, existencial e humanista, também conhecida como a "terceira escola vienense de psicoterapia" ou como a "psicologia do sentido da vida". Antes de situar a problemática teórica que será abordada no presente trabalho, cumpre apresentar ao leitor um perfil sumário da trajetória da vida e da obra de Viktor Frankl. Se Sigmund Freud (1856--1939) chegara a dizer "Minha vida só tem interesse em sua relação com a psicanálise" (MANNONI, 1993, p. 19), seguramente, com Frankl, diríamos que sua vida pessoal chega a confundir-se com a própria obra. Simpatizante da psicanálise na juventude, tendo iniciado fecunda correspondência com Freud aos dezesseis anos, em 1924, o jovem Viktor vê uma de suas cartas ao mestre tornar-se um artigo recomendado pelo próprio Freud à *Internationale Zeitschrift für Psychoanalyse*. Trata-se da primeira contribuição de um não psicanalista ao prestigiado periódico.

Entre 1925 e 1926, ainda como estudante de medicina, passa a frequentar os círculos da psicologia individual de Alfred Adler (1870--1937), o primeiro grande dissidente de Freud, chegando a publicar, nesse intervalo, dois trabalhos no *Internationale Zeitschrift für Individualpsychologie*. Não concordando com o que entendia pelo "psicologismo" da proposta de Adler, em 1927, é convidado a retirar-se de tal sociedade acadêmica, em condições muito pouco diplomáticas. Após a expulsão, Frankl passou a dedicar-se mais intensamente aos chamados postos de aconselhamento para a juventude, a fim de oferecer uma alternativa de enfrentamento ao considerável número de suicídios entre os jovens estudantes da época. Vários personagens renomados da psicoterapia daquele período juntaram-se ao projeto, e a experiência foi muito bem-sucedida, de modo que, em 1930, já não se registraram suicídios entre os adolescentes da cidade. A experiência de Viena se espalhou por várias outras cidades importantes da Europa, tais como Zurique, Berlim, Frankfurt e Budapeste, chamando a atenção de alguns nomes importantes da época, como o de Wilhelm Reich (1897-1957), que convidou Frankl a conversar sobre o tema em Berlim (FRANKL, 1981, p. 122). Paralelamente a seus estudos em medicina, Frankl se mostrava um leitor voraz de obras filosóficas. Em sua biografia intelectual, cita, entre outros, Kant, Jaspers, Heidegger, Kierkegaard, Nietzsche, Schopenhauer, Martin Buber, N. Hartmann, B. Spinoza e Gabriel Marcel. Este chegou, inclusive, a escrever o prefácio da edição francesa de um de seus livros. Contudo, foi sua leitura da obra de Max Scheler que, definitivamente, influenciou os contornos que a logoterapia viria a ter em seu desenvolvimento posterior. Frankl chega a afirmar que foi Scheler quem o despertou do sono psicologista (FRANKL, 1981, p. 120).

Sob a direção de Otto Pötzl (1877-1962), Frankl fez seu estágio em psiquiatria, recebendo de seu mentor a liberdade para pesquisar experimentalmente novas formas de abordagem psicoterápica com os pacientes da Clínica Universitária de Viena. Após concluir sua residência em psiquiatria e neurologia, ingressa, em 1933, no Hospital Steinhof, onde, por quatro anos, dirigiu o pavilhão 3, conhecido como o corredor das suicidas, lá desenvolvendo uma ampla visão diagnóstica sobre o tema, por meio de uma casuística pessoal que chegou a 12 mil pacientes. Em 1937, inicia sua atividade em consultório particular, mas não pode exercê-la plenamente por muito tempo, tendo em vista o avanço de Hitler sobre a Áustria em 1938. A partir daí, perde o título de médico e torna-se um *Judenbehandler*, um "tratador de judeus" na área de neurologia e psiquiatria. Como não conseguiu obter, imediatamente, o visto para sair do país com a família, aceitou, em 1940, o cargo de diretor do setor neurológico do Hospital Rotschild, posição que o protegeu, por algum tempo, da deportação aos campos. Junto com Pötzl, organizou várias manobras para sabotar o programa de extermínio de pacientes com transtornos mentais graves, iniciativa propagada pelos nazistas sob o nome de "eutanásia".

Tendo-se negado ao uso do visto de imigração que lhe permitia a mudança – sem os pais – para os Estados Unidos da América, em 1942, a GESTAPO, finalmente, apreende a família Frankl, que é deportada para os campos de concentração. Frankl descreveu a experiência de seus três anos em quatro desses campos (inclusive Auschwitz e Dachau) em sua célebre obra *Em busca de sentido* (1985), *best-seller* mundial, considerado por Karl Jaspers (1883--1969) como "um dos maiores livros da humanidade" (FRANKL, 2000b, p. 114) e avaliado como uma das dez obras mais influentes nos Estados Unidos[1] por uma pesquisa da Biblioteca do Congresso estadunidense, conforme publicação do jornal *The New York Times* (edição de 20/11/1991). Sendo libertado em abril de 1945, Frankl assume, nos meses seguintes, a direção do setor neurológico da Policlínica de Viena (onde fica até 1970). Seus pais, o irmão mais velho e esposa haviam perecido nos campos. Apenas sua irmã Stella sobrevivera, refugiando-se na Austrália. Casa-se com Elly Schwindt em 1947 e conclui seu doutorado em filosofia em 1949, retomando sua produção intelectual, cujos fundamentos acabaram por ser enriquecidos e reconfirmados por aquilo que chamou de *experimentum crucis* de sua vida. Como personagem da história, Frankl militou, já em 1946, contra a chamada "culpa coletiva" (*Kollektivschuld*), posição essa bastante impopular naquele contexto, principalmente quando defendida por um judeu. A *Kollektivschuld* guiou a política de "desnazificação" das sociedades alemã e austríaca por parte dos aliados, buscando incutir nelas uma atmosfera cultural de responsabilização coletiva pelos crimes contra a humanidade cometidos pelo regime de Hitler.

No contexto de um século que, culturalmente, se ocupou em negar, tanto quanto pôde, a autonomia e o valor da consciência do indivíduo, Carvalho (1997) louva a coragem intelectual de Frankl em denunciar "a aliança secreta entre a cultura materialista, progressista, democrática, cientificista, e a barbárie

---

[1] A influência de Frankl nos Estados Unidos ainda é considerável. Nas suas palestras pelo país, o pai da logoterapia costumava sugerir a construção de uma "estátua da responsabilidade" na costa oeste do país, a fim de complementar, simbolicamente, a Estátua da Liberdade situada na costa leste. De fato, após a morte de Frankl, foi criada a "Statue of Responsibility Foundation", uma fundação sem fins lucrativos que vem se esforçando para erguer o monumento, cuja evolução pode ser acompanhada no site www.statueofresponsibility.com.

nazista", alegando a impossibilidade de mera coincidência entre os eventos totalitários do século XX e o movimento ideológico de negação do homem enquanto ser livre e responsável.

> Não foram apenas alguns ministérios de Berlim que inventaram as câmaras de gás de Maidanek, Auschwitz, Treblinka: elas foram preparadas nos escritórios e salas de aula de cientistas e filósofos niilistas, entre os quais se contavam e contam alguns pensadores anglo-saxônicos laureados com o Prêmio Nobel. É que, se a vida humana não passa do insignificante produto acidental de umas moléculas de proteína, pouco importa que um psicopata seja eliminado como inútil e que ao psicopata se acrescentem mais uns quantos povos inferiores: tudo isto não é senão raciocínio lógico e consequente. Mas a eutanásia só se tornou lógica e consequente quando o homem passou a ser cínico e niilista (FRANKL, 2003b, p. 45).

Autor de mais de trinta livros, que já foram traduzidos para trinta e dois idiomas, Frankl recebeu dezenove comendas científicas e estatais, bem como vinte e nove títulos de *doctor honoris causa*, de várias universidades pelo mundo, inclusive no Brasil, pela Pontifícia Universidade Católica do Rio Grande do Sul, em 1984, e pela Universidade Nacional de Brasília, em 1988. Titular da Universidade de Viena (onde encerrou sua atividade docente com uma palestra em 1996), foi professor visitante de diversas universidades americanas, dentre as quais Harvard, San Diego e Pittsburgo. No ano de 1979, foi indicado para o Prêmio Nobel da Paz, o qual, na ocasião, foi dado a Madre Teresa de Calcutá. Um fato curioso é o de que Madre Teresa escrevera ao comitê sueco renegando o prêmio em favor de Frankl, pedido que, obviamente, não foi acolhido (PINTOS, 2007, p. 139). Em 1995, foi laureado pela República da Áustria com a Condecoração de Ouro e Estrela, pelos serviços prestados ao país. Neste mesmo ano, é publicada pelo Pontifício Conselho para a Pastoral no Campo da Saúde a chamada "Carta aos agentes de saúde". No item 107 do documento eclesial, encontra-se, numa declaração sem precedentes, a recomendação da logoterapia como modalidade psicoterápica privilegiada, em razão de seu "elevado senso ético" e pelo respeito à "pessoa humana em sua integridade" (*idem*, p. 134).

Frankl, no contexto panorâmico das escolas de psicoterapia, teve, tradicionalmente, seu pensamento enquadrado na chamada "psiquiatria existencial" desenvolvida na Europa, junto de nomes como Ludwig Binswanger (1881-1966), Medard Boss (1903-1990) e Ronald Laing (1927-

-1989). Contudo, a logoterapia foi igualmente bem acolhida pela chamada "psicologia humanista" desenvolvida nos Estados Unidos. Carl Rogers (1902-1987), um dos fundadores de tal movimento, chegou a classificar a obra de Frankl como uma das mais importantes contribuições ao pensamento psicológico dos últimos cinquenta anos (FRANKL, 2011). Autores importantes no âmbito da logoterapia, como Elisabeth Lukas (1989b), definem o pensador como o "mais humanista dos existencialistas". Viktor Frankl faleceu em 1997, tendo, antes, testemunhado sua logoterapia ser reconhecida por diversos círculos acadêmicos do mundo como um pensamento original e digno de aprofundamento. Vislumbramos, daí, a necessidade de uma "reproblematização" dos fundamentos da logoterapia, trazendo-os ao âmbito de uma reflexão filosófica. Este livro se propõe, portanto, a contribuir para a superação de uma lacuna editorial que não faz jus à importância do legado do pensador em questão.

A logoterapia se apresenta sob a forma de um arranjo teórico sistemático. Todas as suas categorias centrais se encontram reflexivamente[2] ligadas entre si: dimensão espiritual, liberdade, responsabilidade, sentido, valores etc. Peter (1999, p. 12) descreve em número de quatro as premissas fundamentais do sistema logoterápico: 1) O homem é ser espiritual-pessoal; 2) O homem é capaz de autodeterminar-se; 3) O homem, nessa autodeterminação, orienta-se, primariamente, para o sentido; e 4) A autotranscendência pertence de maneira essencial ao ser do homem. Frequentemente, a forte presença de conteúdo filosófico na teoria de Frankl causa um certo estranhamento aos leitores que partem de um ponto de vista mais técnico da psicologia. Nesse sentido, o próprio autor chegou a afirmar que o "esclarecimento da área limite que se estende entre a psicoterapia e a filosofia" constitui o tema que, "como um fio vermelho",[3] atravessa todos os seus

---

2 As categorias trabalhadas são reflexivas, isto é, uma não pode ser pensada sem a pressuposição lógica da outra, dada a reciprocidade essencial que elas encerram, sistematicamente, entre si.

3 A expressão idiomática alemã "como um fio vermelho" tem a acepção ampla de "*Leitmotif*" e evoca duas imagens fundadoras. Uma delas parte da mitologia grega, em que Teseu, a fim de não se perder no labirinto de Creta em sua luta contra o minotauro, adentra aquele segurando um fio vermelho, que se desenrolava de um novelo guardado por Ariadne do lado de fora. A segunda imagem vem da estrutura das cordas fabricadas pela Marinha Britânica, que se diferenciavam por um fio vermelho central, que não pode ser removido sem que o encordoamento se desfaça por inteiro. Em ambas as prováveis origens da expressão, vemos o "fio vermelho" como elemento de onipresença temática e importância estrutural.

trabalhos (FRANKL, 1981, p. 116). Essa relação diz especial respeito à problemática do sentido e dos valores na psicoterapia. O motivo que o levou a essa linha de trabalho foi, reconhecidamente, a tentativa de superar a modalidade acadêmica de reducionismo típica da ciência psicológica da época – o psicologismo na área da psicoterapia.

Para Frankl, então, a contenda contra o psicologismo passa pela defesa de uma *Weltanschauung* que preserve o caráter real de humanidade do ser humano. Frankl acreditava falar às "necessidades do momento", no que diz respeito ao fenômeno de massa que se apresentou como o grande desafio à psicoterapia do século XX: o vácuo existencial.[4] O médico passou a ser, cada vez mais, confrontado com questões dessa natureza.[5] De fato, há, no escopo teórico da logoterapia, toda uma dimensão crítica das tendências sociais que se desenvolveram no último século, a que Frankl se referiu como uma "neurotização da humanidade" (FRANKL, 2003b, p. 10). A tese geral desse processo pode ser descrita como uma tendência sistemática à negação do sentido da vida, em níveis de massa. Na visão de muitos críticos contemporâneos, o chamado "mal do século", em termos de saúde mental, tem sido aquele batizado, como dissemos, de "frustração", ou "vazio" existencial: a patologia de nosso tempo parece relacionar-se ao sentimento de falta de sentido para a própria vida, que se revela sintomaticamente sob a forma predominante de tédio, enquanto incapacidade de interessar-se por algo, e apatia, como incapacidade de tomar iniciativa para algo. Este binômio se traduz estatisticamente em índices crescentes de depressão, agressão e dependência química (*idem*, p. 7).

> Aquilo que conceituei como 'vácuo existencial' constitui um desafio à psiquiatria e à psicologia atualmente. Cada vez mais pacientes se queixam de um sentimento de vazio e de falta de sentido, fenômeno que, sob meu ponto de vista, parece derivar de dois fatos. Ao contrário do animal, os instintos não dizem ao homem o que ele *tem* que fazer. E, ao contrário do homem de gerações atrás, a tradição não lhe diz mais o que ele *deveria* fazer. Frequentemente, mal sabe mais o homem

---

[4] "Hoje, o homem de forma geral já não é frustrado sexual, mas existencialmente. Hoje, ele não sofre de um complexo de inferioridade e sim de um sentimento de falta de sentido. E esse sentimento de falta de sentido é, em geral, acompanhado por um sentimento de vazio, por um *vácuo existencial*" (FRANKL, 1991, p. 19).

[5] "A consulta médica transformou-se em posto de escuta para todos os desesperados da vida, para todos os que duvidam do sentido da sua vida. Já que a 'humanidade ocidental emigrou do pastor de almas para o médico da alma', como disse V. Gebsattel, coube em sorte à psicoterapia uma espécie de lugar-tenente" (FRANKL, 2003a, p. 28).

o que ele, basicamente, deseja fazer. Ao invés disso, ele acaba por, simplesmente, reproduzir o que as outras pessoas fazem (conformismo), ou fazer o que os outros querem que ele faça (totalitarismo) (FRANKL, 2011, p. 9).

A superação do psicologismo implicava, na verdade, repensar todo o conceito de homem que vinha sendo construído pela psicologia até então.[6] De fato, Frankl arrastou o debate com Freud e Adler até suas últimas publicações, porque nunca considerou absolutamente equivocadas as posturas teóricas de seus primeiros mentores; apenas as compreendia como incompletas. Esse caráter de incompletude residiria, exatamente, na ausência da compreensão do humano em sua referência à dimensão espiritual, *locus* ontológico da liberdade e da responsabilidade, como veremos adiante. Trata-se, aí, do cerne de seu projeto antropológico. Frankl já sabia que as questões filosóficas – mais especificamente, éticas – se mostravam irrecusáveis a qualquer projeto de psicoterapia, pois qualquer uma delas deveria conter, essencialmente, uma concepção de homem e uma filosofia de vida (*idem*, p. 25). Isto é, segundo Frankl, existe sempre em cada teoria psicoterápica – por menos que seu autor a queira explicitar – uma *Weltanschauung*, comprometida com valores específicos.

> Deste modo, a questão não deve ser se a psicoterapia é ou não baseada numa *Weltanschauung*, mas, sim, de saber se tal *Weltanschauung* subjacente está certa ou errada. 'Certa ou errada', no entanto, significa, nesse contexto, se, em determinada teoria ou filosofia, a humanidade do homem se mantém preservada ou não. O caráter especificamente humano do homem é negligenciado, por exemplo, por aqueles psicólogos que aderem ou ao 'modelo da máquina', ou ao 'modelo do rato', como Gordon W. Allport classificou (*idem*, p. 25-26).

Nesse raciocínio, o campo de delimitação do presente estudo concerne uma problemática que se encontra, eminentemente, numa mesma zona limítrofe entre ética e psicologia, pois partimos da ideia de que há uma "ética

---

6 O "patologismo" (FRANKL, 1981, p. 117) exacerbado que Frankl considerava existir em Freud e Adler também viria a ser produto do psicologismo: "Penso que Freud nos ensinou que é preciso desmascarar as motivações neuróticas. Mas penso também que há um limite para esse desmascaramento, e que o limite se encontra naquele ponto em que atingimos o que é genuinamente humano, aquilo que não pode mais ser desmascarado. Se não pararmos aí, certamente, poderemos descobrir sempre novas coisas a desmascarar; mas estaremos apenas desvalorizando, reduzindo o que há de humano no homem. Uma psicoterapia que não leve em conta este aspecto não é capaz de compreender os sinais dos tempos, e muito menos de ajudar a resolver os problemas do nosso tempo" (FRANKL, 2003b, p. 38).

do sentido da vida" presente na "psicoterapia do sentido da vida". O objetivo do presente trabalho é o de articular um eixo de análise que venha a fornecer elementos para a compreensão dessa ética, em sua implicação recíproca com a logoterapia enquanto sistema psicológico. Para tanto, cumpre responder a dois questionamentos fundamentais. Que *Weltanschauung* é essa defendida por Frankl e que noção de humanidade subjaz a ela? Nossa hipótese básica, logo, é a de que, a partir da sistematização de três conceitos-chave da teoria logoterapêutica, poderemos traçar um percurso compreensivo que lançará as bases para uma explicitação adequada a respeito do que viria a ser essa "ética do sentido da vida", a saber: o "sentido", a "vontade de sentido" e a "consciência moral" (*Gewissen*). A questão do sentido, que estudaremos no primeiro capítulo, diz respeito à pedra angular da visão de mundo da logoterapia; procuramos investigá-la na real acepção com que Frankl trabalhou tal conceito, fonte de muitas incompreensões da proposta do autor. Isto é, procuramos lançar as bases para a compreensão do sentido não como uma categoria meramente epistemológica, mas em seu significado existencial. Estudaremos, de fato, a cosmovisão que fundamenta a teoria: acreditamos existir, no pensamento do psiquiatra vienense, uma fundação axiológica do mundo, a partir da ideia – herdada da tendência realista da Ética Material de Max Scheler – da objetividade do sentido, que não é criado pelo sujeito.

Como consequência da análise da visão de mundo do sistema – o mundo da onipresença do sentido –, chegamos ao segundo momento do trabalho, que se ocupará da teoria antropológica de Frankl. Dividimos esse capítulo em duas partes. A primeira investiga como a categoria "espírito" foi introduzida na *imago hominis* formalmente concebida da logoterapia, explicitando a "ontologia dimensional" como ápice da organização das categorias reflexivas corpo, psiquismo e espírito. A partir daí, tornar-se-á inteligível a segunda parte, que se detém na segunda categoria-chave que procuramos trabalhar neste livro, a saber: a da "vontade de sentido" como princípio motivacional básico. O terceiro momento do trabalho diz respeito ao problema da legitimação do caráter imperativo do sentido, na investigação direta da categoria "consciência moral" (*Gewissen*). Trata-se da questão relativa ao "conhecimento" do sentido, ponto através do qual nos depararemos com o questionamento ontológico radical do fenômeno da responsabilidade humana, entendida em sua relação com a transcendência.

1. O MUNDO E O SENTIDO

Numa época em que já não se consegue mais encontrar o sentido incriável, as pessoas passam a considerar o absurdo como a única coisa que podem criar por si mesmas. [...] Fazemos um teatro do absurdo para podermos, pelo menos, embebedarmo-nos de falta de sentido. Porque esta, sim, pode ser fabricada; e a fabricamos ad nauseam (FRANKL, 2003b, p. 47).

A acepção do termo "sentido" constitui, em nosso entendimento, a pedra angular sobre a qual se alicerça a visão de mundo subjacente à logoterapia. Lamentável é o fato de que este mesmo vocábulo também seja fonte das mais diversas formas de apropriação indevida do sistema construído por Viktor Frankl e discípulos. Em boa parte das publicações sobre o assunto, o mencionado conceito é tomado como pressuposto vago, o que tem ensejado toda uma série de críticas infecundas e pouco embasadas. A própria polissemia do termo, identificada nas mais diversas acepções (direcionamento, justificação, propósito, revelação etc.) parece, também, tornar o tema ainda mais obscuro. Recorreremos, no entanto, à própria letra de Frankl a fim de esclarecer nosso ponto de partida.

Na base mesma da visão de mundo da logoterapia, existe a distinção de um par dialético fundamental, o qual engendra outros dois. O mundo em que o homem existe é atravessado pela dualidade do possível e do real, tensão essa no interior da qual surgem as condições do mutável e do imutável e do destino e da liberdade. A distinção entre esses pares nos serve como ponto de partida para entender o que Frankl quis designar como "sentido". Lukas (1989b) define o real como o conjunto de todas as possibilidades do mundo realizadas até agora: "o reino do real é idêntico ao que é" (p. 155). O reino do possível é caracterizado como o "pré-estágio do ser", isto é, o plano de todas as possibilidades do mundo ainda não realizadas, num conjunto que inclui as possibilidades que se incorporarão ao ser mais as possibilidades que fluirão para o nada, perdendo suas condições de atualização. O nada aí se caracteriza como o impossível, incluindo tanto aquilo que nunca figurou como possibilidade, quanto as possibilidades que se extinguiram no "não-realizar-se". Conforme se vê na figura 1, o fluxo do tempo se orienta, univocamente, do possível para o real, não ao contrário, demonstrando a fugacidade própria do possível, que "urge pelo ser", assim como numa espécie de *horror vacui*, segundo a imagem proposta por Frankl.

Reino dos Valores
(do Logos Supratemporal)

O que deveria vir a ser

Fluxo do Tempo

Passado — Futuro

Reino do Real
(da realidade existente)
O que é

Reino do Possível
(das possibilidades "existentes")
O que pode ser

O presente de uma pessoa

Destino: o realizado, por isso, fora de qualquer possibilidade de escolha

Destino: o possível que está fora de suas possibilidades de escolha

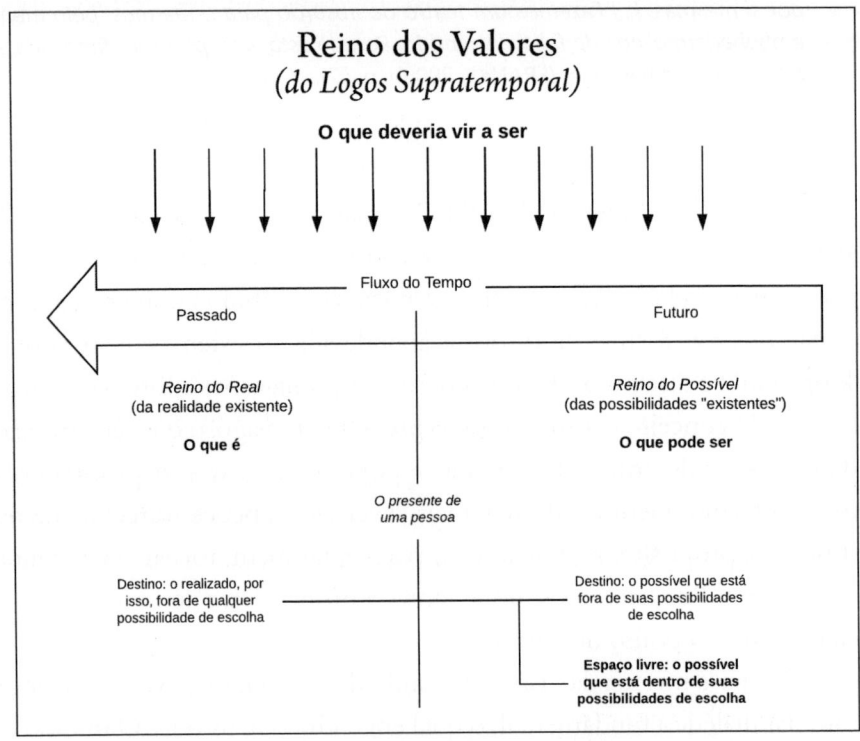

Espaço livre: o possível que está dentro de suas possibilidades de escolha

Figura 1 (LUKAS, 1989b, p. 154)

Para a fiel compreensão do esquema acima, deve-se explicitar o pressuposto mesmo da liberdade da vontade humana,[1] princípio esse decorrente

---

[1] Dentre as possibilidades de formatação do sistema logoterápico, Frankl escolhe organizar os fundamentos de sua escola em três pilares fundamentais: (1) a liberdade da vontade, (2) a vontade de sentido e (3) o sentido da vida (FRANKL, 2011, p. 7). No presente trabalho, contudo, a concepção antropológica da logoterapia será estudada em detalhe no próximo capítulo.

da concepção antropológica da logoterapia, a qual, incluindo em sua *imago hominis* a dimensão noológica (ou espiritual), defende a dialética de uma autodeterminação do ser humano por sobre seus inelimináveis condicionamentos biológicos e psíquicos. Como condição residual – e, para Frankl, especificamente humana – surge a inescapável condição de liberdade, de faculdade de decisão. Isto é, o homem tem a capacidade de vislumbrar e atualizar as possibilidades que se lhe apresentam em um determinado momento de sua vida, bem como deve encarar o que aparece a ele como "destino", como o inexorável.²

A "ontologia do tempo" da logoterapia traduz o que Frankl entendeu por "respeito ao passado" (FRANKL, 1978), ou "otimismo do passado" (FRANKL, 2005). Afirma ele que a crença da maioria dos homens sobre o tempo (isto é, a concepção de que o tempo escoa do futuro, através do presente, para o passado) é duplamente errônea. Usando uma metáfora geológica, o autor afirma que o que se vê mais facilmente, no fluxo temporal, é a erosão, a "lima do tempo". Mas o que sempre se esquece é de que essa "erosão" também implica acúmulo, pois tudo o que já passou, tudo que ocorreu, todas as decisões humanas são salvas da transitoriedade pela guarda eterna do passado: o tempo flui, mas o acontecimento *"se coagula em forma de história. Nada que aconteceu pode ser desfeito. Nada que foi criado pode ser exterminado. No passado, nada está irreparavelmente perdido. No ser-passado está tudo absolutamente preservado"* (FRANKL, 1978, p. 150, grifos originais). Diante disso, no jargão da geologia, viveríamos numa perene aluvião.³

A outra face da concepção errônea sobre o tempo diz respeito àquela "ilusão de ótica" segundo a qual o tempo correria diante de nós,

---

2 Como veremos, a condição de liberdade vem a polarizar o que apresentamos como o "reino do possível", o qual seria orientado pelo "reino dos valores", isto é, o reino do dever-ser, o reino do possível-digno-de-ser. Adiantamos que estamos falando aqui da tensão axiológica que o ser humano, irrecusavelmente, atravessa ao situar-se, em sua condição de liberdade, entre ser ("reino do real") e poder-ser ("reino do possível").

3 No argumento de Frankl, não se deve operar uma identificação do reino do "ser-passado" com, meramente, aquilo passível de lembrança. Segundo ele, tal posicionamento redundaria numa "interpretação falha e subjetivística" (2005, p. 97) de sua ontologia do tempo: "A isso eu responderia que é irrelevante se alguém se recorda ou não, do mesmo modo como é irrelevante se nós prestamos atenção ou não em alguma coisa que existe e está conosco. Aquilo existe e continua a existir independentemente de lhe darmos ou não atenção, de pensarmos ou não naquilo. Continua a existir independentemente mesmo de nosso existir" (*idem*).

que iríamos ao encontro de um futuro. Frankl, no entanto, defende que, na verdade, nunca atuamos sobre um futuro; atuamos sempre sobre um passado. Ora, o futuro diz respeito às possibilidades a serem atualizadas. A grande questão que aparece aí é a de saber quais desses inúmeros possíveis de cada momento devem chegar ao ser, isto é, de saber que possibilidades devem ser salvas da transitoriedade da vida e incorporadas à estabilidade eterna do ser passado. O que fazemos, a cada instante, é decidir – dentro de nosso espaço livre – o que deveremos incorporar ao nosso patrimônio de vida. Como coloca Frankl (2020, p. 99), não se trata de preservar nada para o futuro, mas, sim, de conservar no passado:

> O de que nós precisamos é respeito ao passado, não ao futuro; o passado é inevitável, o futuro, o nosso futuro está à frente da nossa decisão e da nossa responsabilidade. Nesta ótica, fica sem dúvida demonstrado que constitui um erro dizer que somos, perante o futuro, responsáveis pelo passado. Pelo contrário, somos precisamente responsáveis, perante o passado inevitável, pelo futuro decisivo (FRANKL, 1978, p. 151).

Frankl interpreta que, com relação ao tempo e à transitoriedade da vida, o existencialismo, diante da inexistência factual do passado e do futuro, enfatiza o presente, apontando a possibilidade de afirmação da vida a partir de um "heroísmo trágico". No outro extremo, seguindo a tradição de Platão e Santo Agostinho, Frankl lê o quietismo como a afirmação da eternidade – e não do presente – como a verdadeira realidade. A eternidade – permanente, rígida e predeterminada – é a realidade simultânea que abrange presente, passado e futuro, de modo que a sequência temporal que percebemos não passa de uma ilusão de nossa consciência: os fatos não são sucessivos, são coexistentes.

Entre o fatalismo-da-eternidade, presente no quietismo (a realidade "já é", nada mais se pode fazer), e o pessimismo-do-presente da filosofia existencial (a realidade é instável e caoticamente mutável), a logoterapia se posiciona como via média (FRANKL, 2005, p. 94) e elege a imagem da ampulheta como ilustração dessa ideia. A parte superior da ampulheta representa o futuro, a estreita passagem mediana simboliza o presente, e a areia depositada no fundo figura como o passado. O existencialismo veria apenas o movimento da areia na passagem central da ampulheta. O quietismo, por sua vez, veria a ampulheta como um todo, considerando, no entanto, a areia como uma "massa inerte que não escorre, mas, simplesmente, 'é'" (*idem*).

Para a logoterapia, o futuro não "é", mas "o passado é a pura realidade" (*idem*). Através das falhas da metáfora da ampulheta, Frankl expõe o que acredita ser a essência do tempo. Uma ampulheta pode ser virada quando toda a areia de cima tiver escorrido para baixo. Obviamente, isso não ocorre com o nosso tempo, que é irreversível. Poderíamos sacudir a ampulheta, misturando os grãos de areia e mudando suas posições relativas. Na verdade, só em parte, isso ocorre com o tempo: na parte de cima, podemos "sacudir" os grãos e modificar o futuro – no qual e com o qual poderemos, inclusive, modificar a nós mesmos – mas o passado permanece definitivo, como se a areia que caísse no recipiente inferior fosse tratada com um fixador, que solidificasse irrevogavelmente sua posição:

> Esta é a razão pela qual tudo é tão transitório: tudo é passageiro porque tudo foge da nulidade do futuro para a segurança do passado! É como se cada coisa estivesse dominada por aquilo que os físicos antigos chamavam de *horror vacui*, o medo do vazio: é por isso que tudo vai correndo do futuro para o passado, do vazio do futuro para existência do passado. [...] O presente é a fronteira entre a não-realidade do futuro e realidade eterna do passado. Justamente por isso, é a linha 'demarcatória da eternidade'; em outras palavras, a eternidade é finita: estende-se só até o presente, o momento presente em que escolhemos o que desejamos admitir na eternidade. A fronteira da eternidade é onde, a cada momento de nossas vidas, é tomada a decisão sobre o que queremos eternizar ou não (*idem*, p. 101).

Essa noção a respeito do ser-passado implica, para Frankl, tanto ativismo quanto otimismo[4] (FRANKL, 2020, p. 50). Ativismo porque o homem, a cada instante, é chamado a fazer o melhor uso possível de cada momento, dando o melhor de si no que vier a fazer, em quem vier a amar ou em como tiver que sofrer. E otimismo porque nada poderá mudar o que foi conquistado a cada instante. Nesse ponto, Frankl cita Lao-Tsé: "Quando finalizamos uma tarefa, tornamo-la eterna" (*idem*). A possibilidade perene da morte não torna vão o esforço para o sentido. Não seríamos simplesmente ser-para-morte, mas ser-para-sentido. Se nossa existência não viesse a possuir

---

4 "O arquivo eterno não pode ser perdido – o que é um conforto e uma esperança. Mas também não pode ser corrigido – o que é um alerta e uma advertência" (FRANKL, 2005, p. 100).

limite temporal – se a câmara superior da ampulheta não estivesse, desde o início, destinada a esvaziar-se por completo –, poderíamos, justificadamente, adiar, por tempo indeterminado, qualquer ação. Mas é precisamente por existir um limite temporal último para nossa vida[5] – isto é, um limite para a possibilidade de agir – que experimentamos a obrigação de respeitar e aproveitar o tempo, não perdendo de vista as oportunidades de ação que aparecerem. Por isso, "é justamente a morte que, dessa forma, confere sentido à nossa vida e à nossa existência como algo único" (FRANKL, 1995, p. 24); a morte constitui "o fundo sobre o qual o nosso ser é exatamente um ser responsável" (FRANKL, 1981, p. 75).

Isto é, contra a possibilidade do caráter vão das realizações de sentido, tão bem trabalhadas por alguns existencialistas, como, por exemplo, em Albert Camus (1913-1960), no seu célebre ensaio sobre o suicídio, *O mito de Sísifo*, Frankl reafirma sua tese sobre a estabilidade do *ser-passado*: ter--sido é a forma mais segura de ser. Todas as escolhas que transformaram uma única possibilidade de sentido em ser, condenando todas as outras ao não ser, constituem um patrimônio inalienável da pessoa humana, salvas da transitoriedade da vida. Essa foi uma das aproximações teóricas de Frankl com Martin Heidegger (1889-1976). Numa visita deste ao colega vienense, desejando "sublinhar o parentesco" de opiniões sobre o tema, Heidegger escreveu no verso de uma foto dedicada a Frankl: "*Das Vergangene geht. Das Gewesene kommt*"[6] (FRANKL, 1981, p. 112). Para Frankl, o decurso do tempo se mostra ao mesmo tempo como um "ladrão" e um "fiel depositário" (FRANKL, 2003a, p. 65).

Até o presente momento, servimo-nos de um modelo de duas dimensões, isto é, explicitamos o "reino do possível" e o "reino do real".

---

5 "A finitude, a temporalidade, não é apenas, por conseguinte, uma nota essencial da vida humana; é também constitutiva de seu sentido. O sentido da existência humana funda-se no seu caráter irreversível. Daí que só se possa entender a responsabilidade que o homem tem pela vida quando a referimos à temporalidade, quando a compreendemos como responsabilidade por uma vida que só se vive uma vez" (FRANKL, 2003a, p. 109).

6 A tradução do próprio Frankl para tal passagem, num texto originalmente escrito em língua inglesa (1985b, p. 105) foi a seguinte: "What is past, has gone; What is past will come". Na versão brasileira dessa obra, lê-se: "O que passou, passou; O que é passado está presente" (FRANKL, 2005, p. 96). Outra tradução pertinente para a frase é a seguinte: "O passado distancia--se. O que foi aproxima-se" (FRANKL, 1981, p. 112).

Para a logoterapia, engendra-se a necessidade de uma terceira coordenada – referimo-nos, agora, ao "reino dos valores". Aqui, lidamos com a tensão axiológica que atravessa o ser e o poder-ser, isto é: entre o real e o possível, o que "deve" ser?[7] Lukas (1989b, p. 157) define o reino dos valores como "o conjunto de tudo aquilo que deveria ser e vir-a-ser", revelando-se, conforme a figura 1, supratemporal, pelo fato de não submeter-se ao fluxo do tempo, já que abrange tanto o que é quanto o que pode ser. O modelo de argumentação do presente capítulo pretende explicitar a acepção da categoria "sentido" a partir de seu conteúdo axiológico e no contexto da "ontologia do tempo" da logoterapia.

De antemão, Frankl já procura afastar a ideia de que a expressão "sentido da vida" faça referência a um sentido total, globalizante e arrebatador da "vida em geral". Isto é, analisar o sentido da vida genericamente significa colocar a questão em termos inapropriados, já que o termo "vida" não deve ser tomado com a vagueza que pressupõe e, sim, como a existência concreta e singular de uma pessoa. Há, sim, como veremos, a referência a um "suprassentido", mas dele nos ocuparemos, mais detalhadamente, no capítulo sobre a consciência moral. Segundo Frankl, uma abordagem em termos gerais seria o mesmo que perguntar a um grande mestre enxadrista a respeito da "melhor jogada" em xadrez (FRANKL, 1985a, p. 98). Ela, simplesmente, não existe, pois não existe algo como um conceito puro do que venha a ser a totalidade do xadrez. Trata-se de um jogo, de uma relação entre jogadores e possibilidades concretas de jogadas que se mostram a cada instante. A pergunta pelo sentido da vida é ingênua, a menos que ela seja colocada "em toda sua concretude – na concretude do aqui e agora" (FRANKL, 1981, p. 70).

---

[7] Nesse raciocínio, Frankl critica as variadas formas da "psicologia da autorrealização", as quais se baseariam, segundo o autor, na busca de um determinado desenvolvimento máximo da personalidade através da atualização do maior número pensável de possibilidades latentes de um indivíduo. Desconstruindo a noção de autorrealização como meta última da existência – como veremos no capítulo seguinte –, a logoterapia nega a consequente noção de um mundo como meio para a autorrealização, criticando a ideia de que o possível por si só merece realização. Logo, o problema do "potencialismo" – nome dado por Frankl a essa postura – parece ser o de que "As potencialidades da vida não são potencialidades indiferentes; elas devem ser vistas sob a luz do sentido e dos valores. Num determinado momento, apenas uma das possíveis escolhas do indivíduo satisfaz a necessidade de sua tarefa na vida. É aí que se mostra o desafio de cada situação na vida – o desafio à responsabilidade" (FRANKL, 2020, p. 66).

A realidade sempre se mostra sob a forma de uma particular situação concreta. Cada situação da vida é única e, nesse caráter de algo único, Frankl delineia aquilo que quer fazer entender por "sentido". Reavivando a metáfora acima, o outro jogador me impõe um quadro de possíveis e, dentre eles, minha jogada deverá atualizar algo que me aparece com um caráter de necessidade, ligado à intencionalidade daquele que me outorgou uma determinada situação concreta. Ser humano é "ser-em-situação". Isto é: a vida sempre nos impõe situações concretas, no interior das quais, a todo instante, enfrentamos a tensão da tríade real-possível-valor. Ilustrando o argumento em outros termos, Frankl, em seu estilo narrativo, nos remete a um episódio por que passara durante uma conferência em uma universidade americana.

> Em uma de minhas palestras pelos Estados Unidos, foi solicitado à plateia que me enviasse perguntas em pequenos papéis; um teólogo ficou responsável por colhê-las e entregá-las a mim. O dito rapaz, num determinado momento, sugeriu que eu pulasse uma pergunta, porque, como ele disse, 'não fazia o menor sentido': 'alguém deseja saber como você define seiscentos [600] em sua teoria da existência'. Quando eu li a pergunta, eu vi um significado diferente. 'Como você define Deus [GOD] em sua teoria da existência?'. Escritas em letra de forma, as palavras Deus [GOD] e seiscentos [600] eram de difícil diferenciação. Bom, não teria sido isso um teste projetivo não-intencional? Afinal, o teólogo leu '600' e o neurologista leu 'Deus'. Mas o único jeito de ler a pergunta era o jeito certo. Apenas um modo de ler a pergunta foi tencionado por quem a formulou. Deste modo, chegamos a uma conclusão sobre o que se deve entender por 'sentido' [meaning]. Sentido é o que se tenciona [meaning is what is meant], seja por uma pessoa que me pergunta algo, seja por uma situação que encerra uma pergunta e clama por resposta (FRANKL, 2011, p. 80-81).

O jogo de palavras em língua inglesa, neste caso, é mais do que mero recurso estilístico. Vejamos alguns dos usos correntes de tal vocábulo (*meaning*): "*What's the meaning of that word?*" [qual é o sentido desta palavra?]; "*I didn't mean to do it*" [não tive a intenção de fazê-lo]; "*What do you mean?*" [o que você quer comunicar? O que você tenciona dizer?]. Nesses três exemplos de uso linguístico, encontramos um eixo comum nas noções de inteligibilidade (no caso, axiológica, como veremos em seguida) e de propósito significativo: sentido e intenção. Isto é, metaforicamente, traz-se de volta o velho ditado que afirma que "para cada pergunta, só haverá uma resposta correta: aquela que satisfizer o enunciado da questão". Para Frankl, a existência concreta encerra situações únicas que "*mean*", isto é, que tencionam uma resposta, exatamente, na medida em que forem interpretadas, objetivamente, como questionamentos.

Logo, *"meaning"* (sentido) é o efeito da resposta para o que está *"meant"* (tencionado) pela pergunta, que, sempre, trará consigo uma intenção, um leque de possíveis dentre os quais apenas um servirá como resposta. No exemplo dado, o psiquiatra leu *"GOD"* e o teólogo leu "600". No entanto, a resposta só será a certa quando se considerar o desígnio, a intenção significativa de quem a formulou. Nós não inventamos as perguntas (subjetivismo). A vida não se assemelharia, portanto, a um teste de Rorschach, em que o indivíduo deve projetar conteúdos inconscientes por sobre as interpretações das manchas de tinta. Frankl prefere a ideia de um quebra-cabeça, em que "é preciso achar a figura do ciclista; temos que virar o desenho de um lado para o outro, até acharmos sua silhueta, escondida [...]. Ele *está lá*: é uma realidade objetiva" (FRANKL, 2003b, p. 28). Contra a ideia generalizada pela psicanálise americana de sua época, na afirmação de que sentido e valores não seriam "nada mais que" mecanismos de defesa e formações reativas, Frankl costumava responder: "No que me diz respeito, nunca e jamais me disporia a viver graças a minhas formações reativas ou a morrer em virtude de meus mecanismos de defesa" (FRANKL, 1990, p. 16).

Na logoterapia, há o pressuposto intransigente de que, não importa qual seja a situação concreta do indivíduo, sempre haverá uma "resposta certa", sempre se poderá, incondicionalmente, viver com sentido, diante das "perguntas" da vida: "E no fundo estou convencido de que não há situação que não encerre uma possibilidade de sentido. Em grande parte, esta minha convicção é tematizada e sistematizada pela logoterapia" (FRANKL, 1981, p. 115). Não podemos, portanto, perguntar pelo sentido, já que este reside na resposta[8] que nós temos que dar. Isto é, trata-se de, como gostamos de chamar, de algo como uma "inteligibilidade existencial". Nesse raciocínio, Frankl faz menção aos trabalhos da Escola de Berlim, dos fundadores da Psicologia da Gestalt, que se ocuparam, em grande parte, de pesquisas de inspiração fenomenológica a respeito de uma epistemologia embasada na noção de "estrutura", como conjunto não somativo (PENNA, 1980). Analogicamente, o sentido – na acepção existencial que tomamos aqui –, também, seria percebido como portador de uma forma [*Gestalt*], numa correlação com o caráter de exigência

---

8 Sou responsável quando respondo corretamente. O autor faz um jogo de palavras com os significados dos termos em alemão *antworten, beantworten* e *verantworten*.

que existe intrinsecamente à função de dependência figura-fundo, no processo de percepção da realidade. Citando Wertheimer, Frankl coloca:

> Uma situação, como '7 + 7 = ?' constitui um sistema portador de uma lacuna [*gap*]. É possível preencher esse espaço vazio de várias maneiras. O complemento '14', no entanto, corresponde à situação, encaixa-se na lacuna, atende ao que é estruturalmente exigido nesse sistema, nesse lugar, com sua função no todo. Outros complementos, como '15', não se encaixam, não são os corretos. Chegamos, aqui, ao conceito de *exigências da situação*, à ideia de *caráter de necessidade* [*requiredness*]. 'Exigências' de tal ordem possuem uma qualidade objetiva (WERTHEIMER *apud* FRANKL, 2003a, p. 79).

No caso do sentido, no entanto, não se trata de uma "figura" que salta de um "fundo", "trata-se da descoberta de uma possibilidade diante do pano de fundo da realidade. Na verdade, trata-se da possibilidade de se transformar a realidade" (FRANKL, 1981, p. 45). Para Frankl, não estamos falando de uma entidade forjada pela cultura e apreendida pela razão em termos meramente lógicos.[9] A realização do sentido satisfaz, como veremos a seguir, a aspiração mais básica do ser humano, que passa a compreender a própria existência como digna e justificada. A vida se configura, assim, como uma espécie de missão pessoal e inalienável. Em última análise, nenhum de nós pode ser substituído, exatamente, em virtude desse caráter de unicidade constitutivo de cada homem. A vida de cada ser humano é absolutamente singular: ninguém pode repeti-la – ninguém pode viver a vida de ninguém. Cedo ou tarde, cada ser humano único morre, e, com sua morte, vão-se também todas as oportunidades irrepetíveis de realização de sentido.

---

9 Frankl defende que a logoterapia está tão distante de um processo lógico-cognitivo quanto de uma doutrinação moral (FRANKL, 1985a, p. 99). O *logos*, diz Frankl, é mais profundo que a lógica (FRANKL, 2020, p. 75). Isto é, o *logos* da logoterapia – duplamente significando "espírito" e "sentido" – não deve ser identificado plenamente com a *ratio*, nem com o *intellectus* (FRANKL, 2005, p. 60). A experiência de uma vida com sentido não se refere, portanto, à possibilidade de justificar-se racionalmente a existência de alguém. Minha vida não vai ter sentido porque posso justificá-la logicamente, mas sim porque experimento o valor de viver na realização dos sentidos únicos e concretos que se encerram a cada momento de minha existência, e isso não guarda relação de necessidade com minha capacidade cognitiva ou intelectual (ambas entendidas dimensionalmente como condicionantes – não determinantes – psicológicos). A figura do logoterapeuta, aí, distancia-se da do professor e da do pregador, bem como da do "pintor". Com esta imagem, Frankl quer dizer que o terapeuta não deve "pintar" para o paciente o mundo da maneira como ele o vê. O ofício do terapeuta, diante da objetividade de um mundo com sentido, se assemelharia muito mais ao do "oftalmologista", o qual auxilia o enfermo a "ver o mundo como ele é" (FRANKL, 2020, p. 75).

> Realmente, qualquer situação faz uma exigência (*Forderung*) a nós, coloca-nos uma pergunta, à qual damos uma resposta através de algo que fazemos, como se fosse um desafio (*Heraus-Forderung*). Assim, na concepção de uma *Gestalt* percebemos subitamente uma 'figura' num fundo, enquanto que no decorrer da percepção de sentido surge de repente aos nossos olhos, contra um fundo constituído pela realidade, a possibilidade de estruturar uma dada situação de diversas maneiras (FRANKL, 1992, p. 80).

O "espanto de existir", de compreender-se a si mesmo como existente, pode levar a dois caminhos: o do sentido, ou o do absurdo. Frankl reconhece que um dos méritos do existencialismo foi o de ter realçado a existência do homem como algo de concreto, como algo de "só meu", em oposição ao que entendeu como a vagueza do conceito de vida "usado em outros tempos". Só a partir dessa concretude, entende Frankl, a vida humana "adquiriu obrigatoriedade". Em seu caráter constitutivo de unicidade e de irrepetibilidade, a existência humana encerra um teor de vocação (*Appell*), de chamado para a realização das possibilidades únicas de sentido, as quais não se repetem (FRANKL, 2003a, p. 91):

> Que é que eu devo fazer e que não pode ser feito por ninguém, absolutamente ninguém exceto eu mesmo? O dever imanente a cada vida surge então como uma imposição da estrutura mesma da existência humana. Nenhum homem inventa o sentido da sua vida: cada um é, por assim dizer, cercado e encurralado pelo sentido da própria vida. Este demarca e fixa num ponto determinado do espaço e do tempo o centro da sua realidade pessoal, de cuja visão emerge, límpido e inexorável, mas só visível desde dentro, o dever a cumprir (CARVALHO, 1997).

Bataille também descreve, de maneira particularmente interessante, o *insight* dessa percepção de singularidade radical:

> Se considero minha vinda ao mundo – ligada ao nascimento após a união de um homem com uma mulher e até o instante da união – uma única probabilidade decide sobre a possibilidade deste eu que eu sou: em última instância, a louca improbabilidade do único ser sem o qual, para mim, nada seria. A mais ínfima diferença na série em que eu sou o termo: em vez de mim, ávido por ser eu, haveria apenas outro; quanto a mim, haveria apenas o nada, como se eu estivesse morto (BATAILLE, 1992, p. 109).

Frankl acredita que quem, de maneira mais clara e concisa, expressou essa ideia foi o rabino Hillel, um dos iniciadores do *Talmud*, que viveu há quase dois mil anos. O sábio condensou esse pensamento em três perguntas: "Se eu não o fizer, quem o fará? Se eu não o fizer agora mesmo,[10] quando eu deverei fazê-lo? E, se o fizer apenas por mim mesmo, o que serei eu?". Na interpretação de Frankl, o questionamento "Se eu não o fizer..." parece referir-se à própria unicidade do ser humano. A pergunta "Se eu não o fizer agora..." diz respeito à fugacidade das oportunidades singulares de realização de sentido. "E se eu o fizer apenas por mim mesmo..." aponta para o caráter autotranscendente da existência humana. À pergunta final, "o que serei eu?", Frankl oferece a resposta: "em nenhum momento, um ser humano autêntico. Isso, porque transcender-se a si mesma é um constitutivo da existência humana" (FRANKL, 2011, p. 73).

Uma outra fórmula utilizada por Frankl sobre a questão do sentido é: "o sentido da vida é a própria vida" (FRANKL, 1978, p. 231). Essa formulação, em princípio, parece tautológica, mas Frankl a defende como paradoxal. O termo "vida", usado aqui duas vezes, tem, na verdade, duas acepções distintas. Na primeira delas, "vida" diz respeito à vida factual, isto é, tal qual ela nos é dada; no segundo, trata-se da vida facultativa, aquela que aparece como missão a ser cumprida: o facultativo é o que confere propósito e valor ao factual. Enquanto o indivíduo enfraquecido em sua consciência da responsabilidade "encara a vida como algo simplesmente dado (*Gegebenheit*), a análise existencial ensina-o a vê-la com o caráter de algo que lhe é encomendado (*Aufgegebenheit*)"(FRANKL, 2003a, p. 94). A noção de "vida facultativa" que Frankl defende pode ser mais bem compreendida desta forma: "A vida aparece então não mais como uma realidade, mas antes como incumbência que nos é dada – é a cada momento uma tarefa" (FRANKL, 1990, p. 78).

Nessa formulação se revela a irrecusável estrutura polar da vida humana. O ser humano nunca "é". Pelo contrário, ele é aquele que sempre "chegará a ser", jamais podendo dizer de si mesmo algo como "sou aquele que sou" – fórmula apenas cabível a um ser absoluto, *actus purus*, congruência

---

10 "Desde que a situação é sempre única, com um sentido que é também necessariamente único, segue-se que a 'possibilidade de fazer qualquer coisa com relação à situação' é também única, porque é transitória. Ela possui uma qualidade de *kairos*, isto é, se não aproveitarmos a oportunidade de dinamizar o sentido intrínseco e como que mergulhado na situação, o sentido passará e irá embora para sempre" (FRANKL, 2005, p. 32).

perfeita entre ser (essência) e ser-assim (existência). A condição humana é perenemente marcada pela discrepância, como vimos, entre ser, poder-ser e dever-ser (FRANKL, 1978, p. 232). Frankl, logo, declara que o sentido mesmo da existência humana reside na redução, no encurtamento dessa discrepância, na aproximação entre essência e existência.

No entanto, não se trata de realizar "a" essência. O que ocorre é que a cada homem cumpre realizar a "sua" essência, que, na unicidade radical de cada existência, se mostra como "a realização da possibilidade de valor que cumpre a cada indivíduo particularmente" (*idem*). O imperativo "chega a ser o que és" vai além do "chega a ser o que podes e deves ser"; trata-se, na verdade, de um "chega a ser o que **só tu** podes e deves ser" (*idem*). Cada ser humano é confrontado com um espectro de possibilidades personalíssimas. É aí que Frankl concebe algo como uma "essência individual",[11] afirmando que a cada vida humana corresponde uma única essência: "toda existência humana é exclusiva no que tange à sua essência" (*idem*).

> Se, como tudo isso indica, o sentido da vida é que o homem realize sua essência na existência, é evidente que o sentido da vida há de ser sempre concreto; vale em cada caso somente *ad personam* e *ad situationem* (já que a cada indivíduo e a cada situação pessoal corresponde a respectiva realização do sentido). A questão do sentido da vida pode apresentar-se, pois, exclusivamente, de uma forma concreta e ser respondida, unicamente, de uma forma ativa. Responder às perguntas da vida significa sempre se responsabilizar por elas – 'efetuar' as respostas (*idem*).

Frisa-se, novamente: cada situação vivida encerra, em si, uma pergunta. A singularidade de cada momento vivido, que só ocorre uma vez, traz consigo, como já dito, a ideia da unicidade da vida do indivíduo enquanto tarefa, já que cada ser humano particular constitui algo único, e cada situação na vida só ocorre uma vez: "Desta maneira, cada homem, em seus momentos específicos, só pode ter uma tarefa. Mas essa singularidade mesma constitui o caráter absoluto de seu dever" (FRANKL, 2003a, p. 46). No entanto, não se deve entender a unicidade do sentido como algo que venha a sufocar o ser humano:

> Pode acontecer de uma tarefa não render-se ao esforço do homem, enquanto outra, de maneira complementar, se apresenta como uma alternativa. Deve-se

---

[11] "Sim, o homem consegue até certo ponto superar o *principium individuationis* e, inclusive, chega a invertê-lo" (FRANKL, 1978, p. 232).

cultivar uma flexibilidade para mudar para outro grupo de valores, se este permitir maior possibilidade de atualização de valores. A vida exige do homem uma flexibilidade espiritual, a fim de que se direcionem os esforços para as melhores chances oferecidas (FRANKL, 2003a, p. 43).

Em nosso entendimento, o que Frankl quis determinar com a categoria "sentido" diz respeito à convergência singular – numa situação única e para uma pessoa única – dos reinos do poder-ser e do dever-ser. Como vimos, para Frankl, o fluxo do tempo se orienta para o passado, "lugar" em que salvamos da transitoriedade da vida, sob a guarda da eternidade, todos os possíveis que escolhemos atualizar. Para Frankl, diante desse estado de coisas, nem a morte teria o poder de causar desespero. O "sentido" aparece, então, como aquele possível único que se refere, exclusivamente, a uma situação também única experimentada na concretude da existência de um ser humano. Em cada situação concreta da vida humana, a série de possíveis se polariza, e o sentido sempre aparece como aquele "melhor possível". Trata-se da manifestação pontual e personalíssima (*ad personam* e *ad situationem*, como prefere o autor) do reino dos valores, do *logos supratemporal*. À possibilidade que figura como mais alta – a mais valiosa – em tal ordem Frankl referiu-se como "sentido": "Pois aquela possibilidade que, pelo seu valor e significado, foi apreendida como a possibilidade de *maior valor* numa determinada situação, encerra em si a plenitude do ser atual, constituindo o *sentido* da situação" (LÄNGLE, 1992, p. 28).

Como observa Fabry (1984, p. 79), a distinção entre sentido e valores foi desenvolvida de maneira gradual por Frankl, que, em seus textos da juventude, utilizava os dois termos como sinônimos, dando, contudo, um caráter de maior abrangência à noção de valor.[12] Vejamos, a seguir, qual foi a formulação definitiva dada ao tema pelo pai da logoterapia, expondo a relação entre sentido e valores, como as duas faces do dever-ser. O sentido é único e sempre vinculado a uma situação singular e irrepetível. No entanto, há algo como "universais de sentido" ou "possibilidades gerais de sentido" (FRANKL,

---

12 Cabe aqui uma ressalva: quando fazemos menção a "reino dos valores", a referência diz respeito ao esquema da figura 1, isto é, ao que ali foi exposto como "logos supratemporal". Os "valores" a que, nesse momento, nos referimos, aludem aos valores morais de determinada cultura num determinado momento histórico.

2003a, p. 79), a que se deu o nome de valores, valores histórico-morais. Para esclarecer essa questão, Frankl se utiliza de uma alegoria geométrica.

O sentido corresponderia a um ponto, sendo, portanto, adimensional. Ao longo da história da humanidade, no entanto, situações semelhantes foram tomando lugar, exigindo a realização de sentidos também semelhantes. Foi-se mapeando, no decorrer das gerações, uma ordem geral de sentidos, os valores. Na metáfora de que fazemos uso agora, os valores seriam como círculos. Os sentidos únicos, sendo adimensionais, não poderiam sofrer intersecções ou coincidências,[13] mas se poderia admitir, num primeiro momento, que os valores, sim, poderiam sobrepor-se, chocar-se.

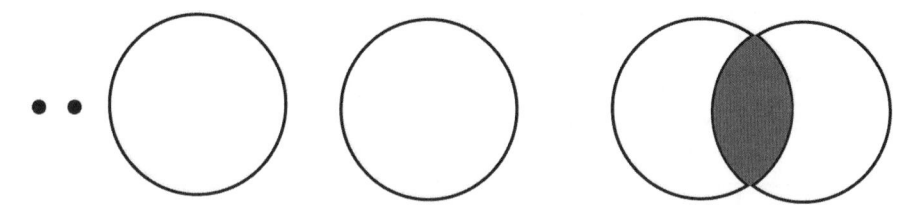

Figura 2 (FRANKL, 2011, p. 74)

Vemos, na figura 2, a representação dos pontos (como sentidos únicos e adimensionais), os círculos como valores e o choque entre dois círculos, admitindo a possibilidade de uma contradição entre valores. Frankl, no entanto, rejeita tal ideia, argumentando que essa não seria a representação dimensional adequada. Essa colisão só seria possível numa projeção em duas dimensões. A melhor análise, no entanto, viria de uma representação tridimensional, entendendo-se os valores como esferas espaciais. Deste modo, os valores não se contradiriam, isto é, não ocupariam o mesmo lugar no espaço, não entrariam em choque.

Numa projeção num plano bidimensional, no entanto, poderia ter-se a impressão de conflito, como na figura 2. Isto só ocorre, no entanto, por conta de que um valor se encontraria numa coordenada mais elevada do que o outro: "A impressão de que dois valores podem colidir entre si é uma

---

13 Essa lei geométrica se traduz na ideia de que é inequívoco o que o "órgão do sentido", a consciência (*Gewissen*), dita a cada um na concretude de uma situação vivida (FRANKL, 2003a, p. 80). O caráter de conflito é, antes, inerente aos valores, mas não por intercontradição, e sim por relatividade hierárquica, como se vê no argumento ilustrado pela figura 3.

consequência do fato de que uma dimensão inteira se encontra negligenciada". E qual seria tal dimensão? Frankl explicita: "É a ordem hierárquica dos valores. De acordo com Max Scheler, valorar significa preferir um valor em detrimento de outro" (FRANKL, 2011, p. 75). Isto é, a experiência de um valor já implica sua relatividade dentro de uma escala hierárquica.

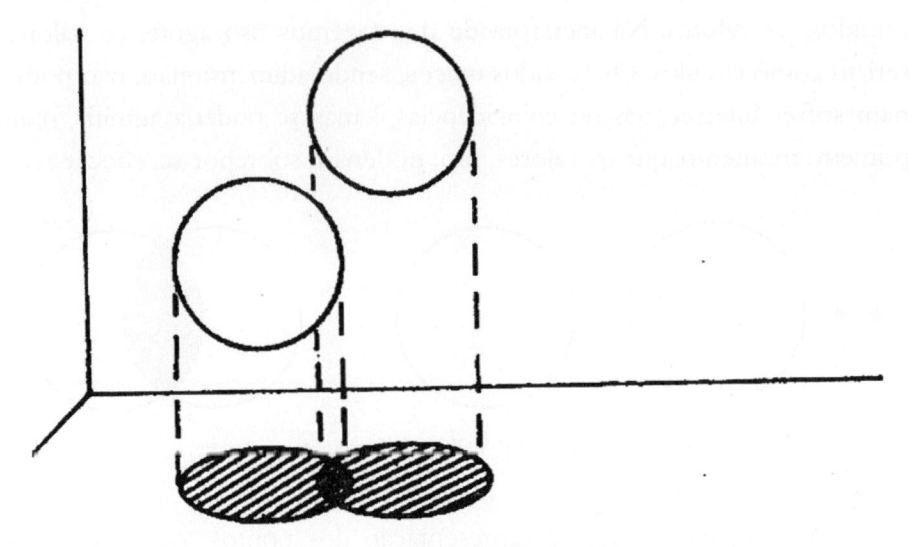

Figura 3 (FRANKL, 2011, p. 75)

Na figura 3, vê-se a representação adequada dos valores, nas três dimensões. A projeção no plano bidimensional pode causar a impressão de choque entre valores, mas, como vimos, para Frankl, isso não ocorre. Isto é, os valores, atrelados que são à *conditio humaine*, cristalizam-se nas culturas como universais de sentido, mas, exatamente por serem universais, não podem dar sempre conta do caráter de singularidade e irrepetibilidade de todas as situações. Com tal argumentação, Frankl deseja demonstrar que se pode, apenas, ter a impressão de que os valores se contradizem, mas que, através de uma análise mais acurada, percebe-se que se trata, de fato, de uma questão hierárquica. Trata-se de uma salvaguarda lógica contra a argumentação de que os valores, por, aparentemente, sempre portarem a possibilidade de contradição entre si, seriam apenas subprodutos localizados de subjetividades específicas e datadas.

Se tivéssemos de nos servir, novamente, da alegoria do xadrez, só se poderia falar em sentido frente a uma situação concreta de jogada. Um valor, contudo, traduzir-se-ia em algo como um princípio abstrato, tal como "não perca sua rainha". Este princípio genérico (valor) pode coincidir, muito frequentemente, com a melhor possibilidade de jogada numa circunstância concreta (sentido), mas, simplesmente, não será capaz de dar conta da enormidade de situações absolutamente singulares de que o jogo (nossa vida) consiste. Às vezes, perder a rainha pode ser a melhor jogada.

A presença dos valores "alivia", de certa forma, o homem da busca por sentido, por constituir-se como uma espécie de guia geral. No entanto, o referencial máximo dirá respeito, sempre, à contingência e imprevisibilidade de uma situação específica. A objetividade do sentido não desemboca, de modo algum, em algo como uma ética prescritiva. O sentido que se pode atualizar numa situação é sempre único e não apresenta relação alguma de necessidade com padrões estabelecidos de valores. O sentido é o fator dinâmico; o valor é a abstração de um universal para o sentido. Frankl reconhece ser verdade o fato de que o homem de hoje experimenta uma degradação de valores, "princípios éticos e morais, de validade mais ou menos geral: com o decurso da história, esses valores degradam-se efetivamente, cristalizando-se nos quadros da sociedade humana" (FRANKL, 2003a, p. 79).

Isto é, quando se tenta submeter, a todo custo, o sentido único ao padrão universal de valor, tende-se, sistematicamente, a um decaimento. A apelação constante para os valores pode constituir uma espécie de "fuga" ao confronto com a própria consciência em busca da realização de sentido:

> Esta degradação [dos valores], porém, vem a ser para o homem o preço pago por declinar de si os conflitos. Não se trata aqui propriamente de conflitos de consciência; de resto, tais conflitos não existem na realidade, pois é inequívoco o que a consciência dita a cada um. O caráter de conflito é antes inerente aos valores: na verdade, *ao contrário* do *sentido* das situações irrepetíveis e únicas de cada caso, que é *concreto* (e, como costumo dizer, o sentido sempre é sentido não só *ad personam*, mas também *ad situationem*), os valores são, por definição, *abstratos universais-de-sentido*; como tais, não valem pura e simplesmente para pessoas inconfundíveis, inseridas em situações irrepetíveis, estendendo-se a sua validade a uma área ampla de situações repetíveis, típicas, que interferem umas nas outras (FRANKL, 2003a, p. 80, grifos originais).

Nesse raciocínio, a perda das tradições – que se experimenta contemporaneamente – não constituiria um problema real, tendo em vista o postulado da onipresença de sentido. A questão é colocada em termos pedagógicos: a educação, para Frankl, deveria assumir, cada vez mais, um direcionamento de "educação para a responsabilidade":

> Hoje, vive-se uma era de esgotamento e desaparecimento das tradições. Desse modo, ao invés de novos valores serem encontrados através de sentidos únicos, o inverso ocorre. Valores universais estão em declínio. Por isso, cada vez mais pessoas são tomadas por um sentimento de falta de propósito, ou de vazio, ou ao que costumo chamar de vácuo existencial. *No entanto, mesmo se todos os valores universais desaparecessem, a vida continuaria cheia de sentido, já que os sentidos únicos permanecem intactos mesmo com a perda das tradições.* De fato, se o homem deve encontrar sentido até mesmo numa era que não cultiva mais valores, ele deve estar provido com a plena capacidade de sua consciência. Logo, em nosso tempo, parece que o papel da educação, mais do que transmitir tradições e conhecimentos, deveria ser o de refinar a capacidade humana de encontrar sentidos únicos. [...] Numa era em que os Dez Mandamentos parecem ter perdido sua validade incondicional, o ser humano tem que aprender, mais do que nunca, a ouvir os dez mil mandamentos relacionados às dez mil situações singulares de que sua vida consiste (FRANKL, 2011, p. 83-84, grifos nossos).

Desse modo, o que devemos guardar na eternidade do passado, isto é, o que devemos salvar da transitoriedade da vida são as realizações desses possíveis que carregam consigo a "resposta certa", o conteúdo axiológico determinado para uma situação determinada: o sentido de nossa existência a cada momento. Nossa responsabilidade perante a vida se traduz numa responsabilidade para realizar o sentido único de cada situação: "responsabilidade significa sempre responsabilidade perante um sentido" (FRANKL, 2003a, p. 55). Se concebermos a liberdade como pura e simples liberdade, não vislumbraríamos qualquer "para-quê" da liberdade, mas, no ato de decidir, Frankl sustenta que sempre nos aparece como previamente dado "o de-quê e o contra-quê da decisão: precisamente um mundo objetivo do sentido e dos valores, ou seja, este mundo como um mundo ordenado, como um *kosmos*" (FRANKL, 1995, p. 101). Passemos agora a outra contenda de Frankl: a da "objetividade" do sentido.

Seguindo a tradição da ética material dos valores, iniciada por Max Scheler, Frankl procura assegurar, já num primeiro momento, a objetividade do sentido. Sua preocupação consiste em garantir, antes de tudo, uma salvaguarda teórica contra interpretações relativistas, convencionalistas ou céticas. Se fosse possível que dois homens se encontrassem sob uma mesma situação concreta na vida, o "órgão do sentido" (a consciência, como aprofundaremos adiante), apontaria para a mesma possibilidade (LUKAS, 1989a, p. 43). Cabe, aqui, lembrar mais uma das facetas da já mencionada "revolução copernicana", uma máxima onipresente nos escritos sobre logoterapia:

> Em última análise, a pessoa não deveria perguntar qual o sentido da sua vida, mas antes deve reconhecer que é ela que está sendo indagada. Em suma, cada pessoa é questionada pela vida; e ela somente pode responder à vida *respondendo por sua própria vida*; à vida ela somente pode responder sendo responsável. Assim, a logoterapia vê na responsabilidade a essência propriamente dita da existência humana (FRANKL, 1985a, p. 98).

Isto é, não devo perguntar à vida, numa postura reflexiva e autocêntrica, o que ela quer de mim; eu é que me encontro, a cada instante, sendo indagado por ela, e cabe apenas a mim responder, realizando o sentido único de cada situação. Na logoterapia, viver se equipara a "ser-interrogado": "todo nosso ser não é mais que uma resposta – uma responsabilidade de vida" (FRANKL, 1981, p. 69). Podemos conceber melhor essa "objetividade" do sentido quando a compreendemos como uma herança de Scheler.[14] O próprio Frankl, aliás, chegou a afirmar que a logoterapia poderia ser entendida como uma "tentativa de aplicação das categorias de Max Scheler na psicoterapia", na mesma medida em que comparava a relação entre os conceitos heideggerianos e a *Daseinsanalyse* de Binswanger (FRANKL, 2011, p. 19). Ora, discípulo controverso de Edmund Husserl (1859-1938), Scheler reformulou as ideias de seu mestre e rival em vários pontos, e o principal deles parece ser a orientação realista (COSTA, 1996, p. 16) que conferiu à fenomenologia, contrapondo-se ao idealismo original de tal corrente:

> Enquanto Husserl acentua e privilegia a atividade transcendental na constituição das essências, Scheler afirma taxativamente que as essências são percebidas intuitivamente e não fabricadas pelo sujeito. [...] Max Scheler se destacou pela maneira pessoal e original de entender a fenomenologia e o seu método, adaptando e desenvolvendo a proposta husserliana, voltada para a análise da intencionalidade da consciência como único caminho seguro para se alcançar a verdadeira objetividade (*idem*).

---

[14] Um enfrentamento compreensivo da influência de Scheler na obra de Frankl ultrapassaria as pretensões e o nível de complexidade do presente trabalho, que se detém em apenas citar, nesse momento, um dos possíveis "ecos" da obra do filósofo alemão no escopo teórico da logoterapia. Um aprofundamento sobre o assunto pode ser encontrado na obra *Tratado de Logoterapia e Análise Existencial* (PEREIRA, 2020).

A objetividade do valor se mostra como peça-chave na compreensão da ética de Scheler. Como essências puras, os valores se materializam em bens, unicamente nos quais "os valores se fazem reais. Não o são ainda nas coisas valiosas. Mas, no bem, é objetivo o valor (*o é sempre*) e ao mesmo tempo real" (SCHELER *apud* VOLKMER, 2006, p. 63). Ainda segundo Costa (1996), a conclusão de Scheler, após uma longa e minuciosa análise da vivência e experiência dos valores, é a de que existiriam qualidades axiológicas autênticas que constituiriam "um domínio próprio de objetos que guardam entre si relações e correlações válidas *a priori*. É o mundo dos valores, tão objetivo e real como qualquer outra classe de objetos, *absolutamente independente do sujeito que os percebe*" (COSTA, 1996, p. 41, grifos nossos).

Essa orientação realista está, também, bastante presente em Frankl:

> A fenomenologia pôs de manifesto que o caráter transcendente do objeto de cada ato intencional faz já parte do conteúdo deste ato. Se me é dado ver uma lâmpada acesa, é me dado ao mesmo tempo o fato de que ela está aí, ainda que eu feche os olhos ou lhe dê as costas. 'Ver' já significa também ver alguma coisa que está fora dos olhos. [...] No conhecimento de um objeto como real, já está implícito o reconhecer-se a realidade deste último, independentemente de que o cognoscente ou quem quer que seja o conheça de fato. *O mesmo se aplica aos objetos do conhecimento de valores* (FRANKL, 2003a, p. 73-74, grifos nossos).

Esse sentido que vislumbramos no reino do possível e "antecipamos espiritualmente" (FRANKL, 1995, p. 80) por meio de nossa consciência não é criado por nós. O sujeito que opera a "visada" do sentido não tem esse poder de criar o quadro de possíveis de uma determinada situação, menos ainda o teria de criar do nada esse "melhor possível" que se apresenta como dever-ser. Como bem observa Längle: "Possibilidades são caminhos direcionados a um fim ainda não convertido em realidade. *O caminho, porém, é real*" (1992, p. 59). Voltando mais uma vez à metáfora do jogo de xadrez: eu só poderia inventar o sentido de minha vida, se jogasse sozinho, dos dois lados do tabuleiro:[15]

> [...] não apenas o 'reino dos valores', mas também o 'reino do possível' é um dado objetivo, mesmo que só possa ser descoberto subjetivamente. Pois também as possibilidades, a 'matéria de que é feita a realidade', já estão aí antes de serem

---

[15] Deve-se ressaltar que esse elemento de alteridade é fundamental do ponto de vista terapêutico: o caráter autotranscedente de nossa existência nos faz buscar sempre algo para além de nós mesmos. O autocentrismo constitui, para Frankl, uma postura tipicamente neurótica.

descobertas e aproveitadas por uma pessoa, e se não estivessem aí não poderiam ser aproveitadas (LUKAS, 1989b, p. 162).

Frankl critica o positivismo de Ernst Mach (1838-1916), que, segundo ele, redundaria numa espécie de teoria psicológica do conhecimento, ao posicionar as sensações como ponto de partida metodológico (FRANKL, 2003a, p. 73). Nesse caso, em última instância, nós não veríamos as coisas externas, no mundo "fora de nós", mas apenas as imagens das coisas refletidas na nossa retina. A postura de ater-se às sensações enquanto tais constituiria uma atitude totalmente determinada e secundária, exatamente por ser reflexa. Esse tipo de visão se adapta com bastante conveniência à psicologia científica, mas contradiz radicalmente a "postura puramente natural do conhecimento" (*idem*).

A metáfora posta por Frankl para ilustrar o raciocínio é a da visão através de óculos. Aceitar a postura ora criticada seria, para ele, como dizer que alguém que usa óculos apenas veria as lentes, não as coisas mesmas através delas. Ora, poder-se-ia, sim, atentar para impurezas, manchas ou qualquer outro obstáculo na superfície das lentes, mas isso não nos autorizaria a esquecer que, com essa atitude, apenas indicaríamos os defeitos das lentes. Para Frankl, a crítica do conhecimento também seria uma atitude destinada a analisar as fontes de erro do conhecimento (como as manchas nas lentes), isto é: "trata-se de uma postura que atenta nas fontes de erro dum *conhecimento cuja exatidão potencial sempre se pressupõe*, precisamente ao aceitarem-se possíveis fontes de erro!" (*idem*, p. 74, grifos nossos). O conteúdo de um conhecimento é imanente à consciência e subordina-se, portanto, às possibilidades de condicionamento do sujeito. O objeto de um conhecimento, por sua vez, "transcende a consciência e não se submete de nenhuma forma ao condicionamento do sujeito" (FRANKL, 1978, p. 218). Frisa-se: o objeto sempre transcende o ato para o qual ele *intende*, e, para Frankl, nisso consiste a objetividade do mundo e dos valores.[16]

---

16 O mesmo vale para os atos reflexivos, de auto-observação, para o conhecimento do meu "eu": fazendo de mim objeto, também passo a ser, com relação a mim, transcendente. Citando Feuchtersleben, Frankl afirma: "'Não podemos apreender o eu porque nós próprios o somos, assim como uma mão não se pode agarrar a si mesma'. É válido dizer, portanto: o que eu (intencional) 'tenho', eu não o sou (não o sou existencialmente). Inversamente, é válido que o que eu (existencialmente) sou, não posso eu (intencionalmente) 'ter'. *Assim como o sujeito faz com*

Frankl insiste em argumentar contra a subjetividade do sentido, na acepção de um mero meio para a autoexpressão. Na verdade, o sentido – só numa acepção muito específica – pode ser concebido como subjetivo. Ele é subjetivo na medida em que não há um sentido geral para todos, apenas um sentido concreto para cada indivíduo, em cada situação única. No entanto, mesmo nessa situação única, o sentido não é mera autoexpressão ou reflexo de si. A única coisa que demanda subjetividade é a perspectiva cognoscente através da qual a realidade é abordada, e essa subjetividade, em nenhum momento, prejudica a objetividade do real em si (FRANKL, 2011, p. 78). Isto é, a subjetividade não exclui sua objetividade (FRANKL, 2003a, p. 75). De fato, Frankl prefere o termo cunhado por seu mestre Rudolf Allers (1883-1963): o sentido é "transubjetivo".[17]

Para ilustrar esse raciocínio, o pai da logoterapia rememora uma metáfora improvisada por ele num seminário, quando pediu aos alunos que olhassem, através da janela da sala de conferências, a capela da universidade. Disse-lhes que cada um deles via a capela de um modo diferente, de uma perspectiva diferente, a depender da localização de seus assentos. Apesar disso, se um dos alunos viesse a dizer que via a capela exatamente da mesma forma como um colega a via, poder-se-ia supor que um dos dois estudantes estaria alucinando. Ora, a diferença de perspectiva, de maneira alguma, vem a diminuir a objetividade da capela (FRANKL, 2011, p. 78). A subjetividade e a relatividade do conhecimento dizem respeito apenas ao que é escolhido no processo de conhecer, "mas de forma alguma se estendem àquilo dentre o qual se fez a seleção" (FRANKL, 1995, p. 94). Isto é, todo conhecimento é seletivo, mas não produtivo: "nunca produz o mundo – nem sequer um meio ambiente; simplesmente o seleciona" (*idem*).

Em outra metáfora sobre o tema, Frankl assevera que a cognição humana não é de natureza caleidoscópica. A visão através de um caleidoscópio implica ver apenas o que já está dentro do próprio caleidoscópio. Por outro lado, se olharmos através de um telescópio, veremos algo que estará fora do

---

relação à existência, da mesma forma, o objeto tem e mantém sua transcendência" (FRANKL, 1978, p. 91, grifos nossos).

17 "Eu não tenho objeção alguma quanto a substituir o termo 'objetivo' por uma expressão mais cuidadosa: 'transubjetivo', assim como, por exemplo, o faz Allers. E não faz diferença, se estamos falando de uma coisa no mundo ou de um sentido. Ambos são 'transubjetivos'" (FRANKL, 2011, p. 79).

próprio instrumento, para além do telescópio em si. E, na mesma medida, quando olhamos o mundo, ou algo no mundo, também vemos algo mais do que, digamos, a perspectiva. Sendo assim, não importa o quão subjetivas nossas diferentes perspectivas possam vir a ser: o que é *visto através* da perspectiva é o mundo objetivo; de fato, "visto através" é a tradução literal para a palavra latina *perspectum* (*idem*). A logoterapia, portanto, sustenta que, não importa o quão subjetivo (ou, até mesmo, patologicamente distorcido) seja o segmento que pincemos, que destaquemos do mundo (o qual, como um todo, permanece sempre inacessível a um espírito finito), tal segmento sempre será destacado de um mundo objetivo (FRANKL, 2020, p. 146). Qualquer filosofia ou psicologia que – pelo rigor investigativo dos fenômenos psíquicos, em sua riqueza e profundidade – mereça ser chamada de "fenomenológica" deve reconhecer o fato primordial de que todo ato cognitivo implica esse "caráter de outro" do objeto (*idem*, p. 68).

Essa "alteridade" do objeto deve ser preservada. Na teoria do conhecimento de que Frankl se serve,[18] fora do campo de tensão que se estabelece na polarização do relacionamento sujeito-objeto, não há cognição, nem conhecimento possível. Em sua concepção de existência autotranscendente, ser humano é ser sempre direcionado a algo que não si mesmo. Ser humano é buscar, desde sempre, essa alteridade. Logo, preservar essa objetividade, esse "caráter de outro" do objeto, implica oferecer uma salvaguarda a essa tensão fundamental entre sujeito e objeto. Para Frankl, a dinâmica essencial do ato cognitivo repousa sobre essa tensão, cuja superação não se faz sequer

---

18 Frankl discorre de maneira mais detalhada acerca dessa teoria do conhecimento em alguns capítulos específicos, valendo citar, dentre outros: "O homem incondicionado" (FRANKL, 1978) e "Elementos da análise existencial e logoterapia" (FRANKL, 1995). Sua postura epistemológica – cujo detalhamento fugiria aos propósitos deste livro – parte da oposição entre os dois "escândalos" da filosofia – o primeiro, quando Kant, no prefácio da segunda edição da *Crítica da Razão Pura*, afirma o escândalo da impossibilidade, até então, de a filosofia trazer a prova da realidade do mundo exterior ("existência das coisas fora de nós") e a segunda, quando Heidegger afirma ser escandaloso o fato de a filosofia ter julgado que a realidade do mundo exterior precisasse de uma prova dessa natureza. Nesse texto, Frankl critica o idealismo epistemológico, ao insistir em que toda teoria idealista do conhecimento transporta a espacialidade do domínio ôntico para o ontológico, e assume sua simpatia a uma determinada interpretação da fenomenologia como "realismo radical", afirmando que "o mundo não 'é' somente na consciência (literalmente 'dentro', como 'conteúdo' da consciência), mas a consciência 'é' também no mundo, 'incluída' no mundo; há, portanto, algo como a consciência. Sujeito e objeto são, dessa maneira particular, completamente entrelaçados, para o que se nos oferece, como ilustração, o símbolo único do Yin-Yang chinês" (*idem*, p. 95). Um outro esclarecimento, mais breve, pode ser encontrado na obra *Psicoterapia e Sentido da Vida* (FRANKL, 2003a, p. 331-333).

desejável. Na logoterapia, essa tensão entre sujeito e objeto é a mesma que se funda entre o "eu sou" e o "eu devo", entre o real e o ideal: entre ser e sentido. "Se essa tensão deve ser preservada, deve-se evitar a identificação do sentido com o ser. Eu diria que é o propósito do sentido regular a marcha, o ritmo do ser" (FRANKL, 2011, p. 68). Isto é, o sentido marca o passo do ser na medida em que, a cada momento, indica o que deve ser.

A logoterapia, contudo, denuncia que essa transubjetividade do mundo tem sido, cada vez mais, obscurecida tanto por uma concepção errônea do existencialismo (*idem*), quanto pelas práticas do "psicologismo[19] analítico" (FRANKL, 1995, p. 102). No que diz respeito ao primeiro, Frankl analisa que o conceito heideggeriano de "ser-no-mundo" vem sendo comumente mal interpretado na direção de um mero subjetivismo, "como se o 'mundo', no qual o ser humano 'é' nada mais fosse do que uma mera expressão de seu si-mesmo" (FRANKL, 2011, p. 12). Segundo Frankl, para entender tal categoria corretamente, deve-se, de antemão, reconhecer que "ser humano significa ser profundamente enredado em uma situação e confrontado com um mundo cuja objetividade e cuja realidade não são prejudicadas por este 'ser' que é 'no mundo'" (p. 68).

A má interpretação do referido conceito heideggeriano parece inspirar a adoção de uma "epistemologia caleidoscópica" por parte de muitos existencialistas. Para tais autores, o homem nunca é um ser que, em seus esforços cognitivos, atinge um mundo real. O mundo do homem é sempre uma conformação projetada por si mesmo, a qual espelha a estrutura de seu ser. Retomando a metáfora acima, na mesma medida em que a observação caleidoscópica depende do modo como as pequeninas peças de vidro se estabilizam após serem "atiradas", uma epistemologia dessa natureza apresenta uma conformação de mundo (*Weltentwurf*) completamente dependente do modo como o homem "atira"[20] essas pecinhas. Em todo caso, sempre um simples reflexo de sua condição subjetiva (FRANKL, 2020, p. 69).

---

19 Por psicologismo deve-se entender "aquele processo pseudocientífico", o qual, partindo da origem psíquica de um ato, "tenta concluir a validade ou a invalidade de seu conteúdo espiritual" (FRANKL, 2003a, p. 32). Mais do que isso, trata-se de uma concepção "monadológica" do humano, enquanto sistema fechado em si mesmo, com vista, tão somente, ao equilíbrio da dinâmica psíquica.

20 Frankl, aqui, por meio da imagem do caleidoscópio, dialoga com o termo heideggeriano "*Geworfenheit*", que descreve a existência individual enquanto "lançada" no mundo, aspecto central do *Dasein*.

> O calidoscopismo significa que o homem, ao lançar-se no mundo, só consegue projetar o seu próprio mundo, só alcança expressar a si mesmo e, por conseguinte, no mundo acaba encontrando só a si próprio, a ele, o 'lançador', o único a se tornar visível. A nosso ver, o lançar no mundo não é o projeto subjetivo de um mundo subjetivo. Pode ser corte subjetivo, mas um corte que o sujeito efetua numa realidade objetiva. Em outras palavras, este mundo é essencialmente mais do que mera expressão do meu próprio ser (FRANKL, 1978, p. 37).

A capacidade especificamente humana de querer permanece vazia, na medida em que não encontra seu complemento objetivo: o dever; isto é, falamos aqui da possibilidade de "querer o dever". O dever, para a logoterapia, se funda na realização dos sentidos concretos de uma existência pessoal. O *logos* é também compreendido, em Frankl, como o reino dos sentidos e dos valores e constitui, na logoterapia, o *correlato objetivo*[21] do fenômeno subjetivo chamado de "existência":

> O que queremos dizer com o termo 'objetivo' é que os valores são necessariamente mais do que uma mera autoexpressão de uma vida interior, tanto no sentido da vida pulsional, como a psicanálise freudiana os explicaria, quanto no sentido dos arquétipos inerentes a um inconsciente coletivo, como a psicologia junguiana os pensaria. [...] Se sentidos e valores fossem apenas algo que emergisse do próprio sujeito – isto é, se eles não constituíssem algo que se origina de uma esfera para além do homem e acima do homem – eles, imediatamente, perderiam seu caráter de necessidade, de exigência. Se este fosse o caso, sentidos e valores nunca viriam a ser um desafio ao homem, nunca o intimariam, nunca o convocariam. Aquilo por cuja realização nós somos responsáveis deve ser visto em seu caráter de objetividade, se se deve manter seu caráter de exigência (FRANKL, 2020, p. 82).

Obviamente, esse caráter de objetividade não pode ser vislumbrado, na medida em que for interpretado como "nada mais que" uma conformação subjetiva, ou uma projeção de arquétipos e de instintos. É aí que Frankl identifica a origem de três processos perigosamente semelhantes: a reificação da pessoa humana, a objetificação da existência e a subjetivação do *logos*.[22] Da

---

21 "Na medida em que o homem é essencialmente um ser espiritual (transcendendo, portanto, a *physis* e a *psyche*), *logos* (sentido) representa o aspecto objetivo, enquanto *existência* (o especificamente humano) representa o aspecto subjetivo dessa espiritualidade" (FRANKL, 1978, p. 197).
22 Frankl cita o trabalho de Louis Jugnet sobre seu mestre e amigo Rudolf Allers, demonstrando subscrever a tese de que a psicanálise, quanto ao tema em questão, é subjetivista, idealista e solipsista: "Os objetos não são desejáveis por ter algum valor, em virtude de sua natureza própria, independentemente do espírito humano; eles têm um valor porque são desejados" (JUGNET *apud* FRANKL, 1995, p. 220).

mesma forma, esta é a direção do psicologismo analítico: subjetivar a atividade psíquica, privando-a de seus objetos.[23] O sujeito dessa atividade é, da mesma forma, objetivado e transformado em coisa, de modo que "o psicologismo analítico peca duplamente contra o espiritual no homem: contra o espiritual subjetivo – a pessoa espiritual – e contra o espiritual objetivo – os valores objetivos" (FRANKL, 1995, p. 102). Isto é, opera-se não só uma "despersonalização", mas também uma "desrealização", culminando-se no que Frankl chamou de uma "imanentização da totalidade dos objetos, do mundo" (*idem*, p. 103), em outras palavras, chega-se à "perda do mundo":[24]

> No que se refere em especial ao mundo do sentido e dos valores, a subjetivização do objeto e a imanentização do mundo objetivo vão de par com a relativização dos valores; pois o mundo, no decorrer da desrealização que acompanha a despersonalização, não só perde realidade, mas inclusive valor: a desrealização consiste principalmente numa desvalorização. O mundo perde seu relevo de mundo, pois os valores são vítimas de uma homogeneização (*idem*, p. 104).

Como exemplo, Frankl cita o caso de um diplomata americano que, tendo passado por cinco anos de tratamento psicanalítico, o procurou, queixando-se unicamente de desejar abandonar a carreira diplomática e estabelecer-se no ramo da indústria. O analista que o acompanhou o induzira, durante todo o processo, a procurar reconciliar-se com o pai, pois seria exatamente uma conflitiva *imago* do pai a causa de seus problemas com seu

---

23 "[...] o psicologismo transforma a pessoa espiritual em objeto. Não só a pessoa, aliás, *também os atos espirituais passam a ser objetos*. Os atos espirituais, no entanto, são, por natureza, sempre *intencionais*, o que significa que eles têm, por sua vez, *objetos para os quais são intencionalmente dirigidos*. No momento em que os próprios atos são considerados como objetos, os objetos que lhes são próprios desaparecem de nossa vista. Já que se trata, com relação a esses objetos, de valores objetivos, o psicologismo se revela, afinal, tão cego para os valores quanto já sabíamos que é para o espírito" (FRANKL, 1978, p. 196, grifos originais). Mais à frente, conclui sobre esse perigo subjacente ao psicologismo: "Com isso, todo ato espiritual perde sua referência intencional a objetos transcendentais, a objetos que transcendem o nível do psíquico. Suprimidas as referências, fica somente, no lugar do espiritual, um estado psíquico. Onde antes havia intencionalidade espiritual, não resta senão facticidade psíquica" (*idem*, p. 204).

24 Quanto a isso, Frankl rememora a experiência das cobaias de um experimento neurológico na Universidade da Califórnia. Com eletrodos implantados no hipotálamo, ao se fechar o circuito, os ratinhos experimentavam sensação de satisfação tanto sexual quanto nutricional. Através de modelagem, as cobaias aprenderam a fechar o circuito por si só e passaram a ignorar a alimentação real e os parceiros sexuais reais que estavam à sua disposição (FRANKL, 1992, p. 67).

chefe no cargo. Cinco anos se passaram num ciclo autocêntrico de luta ilusória do analisando contra a *imago* do pai: "a análise levara o paciente a uma forma de *auto-interpretação sem mundo*; eu ousaria dizer: a uma imagem monadológica[25] do homem" (*idem*, p. 103).

Para Frankl, na medida em que ser-homem quer dizer "ser-no-mundo", esse referido mundo contém uma enormidade de valores e de sentido. Cumpre ressaltar que o sentido e os valores são "motivos" que mobilizam o homem. Quando se interpreta o homem como um sistema fechado (como o faz o psicologismo), bane-se do campo visual "justamente o mundo aberto do sentido e dos valores que constituem possíveis 'motivos de ação' para o homem". Quando afastamos os motivos e as razões, "restam as causas e os efeitos". Estes, conforme o caso, "são representados como reações a estímulos ou reflexos condicionados, enquanto as causas, conforme o caso, são representadas como processos condicionantes, instintos ou 'mecanismos disparadores automáticos'" (FRANKL, 1978, p. 180). O homem é transformado num sujeito que age num mundo sem objetos: "o *homo humanus*, agente no mundo, torna-se *homunculis*, seja como *reagente* a estímulos ou *ab-reagente* às pulsões" (FRANKL, 1981, p. 36). Mas instintos e valores têm, cada um, seu lugar: os instintos "empurram" o ser humano, ao passo que o sentido e os valores o atraem.

A visão de mundo subjacente ao psicologismo tende a sempre considerar o objeto de um ato intencional como nada mais que um meio para um fim: a satisfação das necessidades individuais. A logoterapia, contudo, sustenta que, na verdade, as necessidades existem para ordenar e orientar o sujeito a uma esfera de objetos. Caso contrário, todo ato humano, em última análise, seria um mero ato de autossatisfação (FRANKL, 1991, p. 67). Como veremos no capítulo seguinte, a verdadeira satisfação humana

---

[25] A crítica a essa "monadologia" parte do pressuposto logoterápico de que o homem, autenticamente, não está preocupado, em primeiro lugar, com quaisquer estados de seu psiquismo; sua preocupação primordial é sempre com os objetos existentes no mundo. O homem é primordialmente ordenado e orientado para eles. Apenas o ser humano neurótico inverte esse foco original, interessando-se, antes, por seus estados internos, mais do que com os objetos do mundo: "Tão logo aderirmos a um modelo antropológico fechado, perdemos de vista, quanto à motivação, tudo o que de fora chama o homem, e nos concentramos naquilo que de dentro o impulsiona, a força motriz do instinto e os estímulos instintivos. O sentido e os valores constituem o *logos*, em cuja direção a psique se lança, transcendendo-se a si mesma. Se a psicologia quiser fazer jus à sua denominação, tem de reconhecer ambas as metades que a constituem, *logos* e *psyche*" (FRANKL, 1978, p. 181).

só ocorre indiretamente, como efeito da realização de um sentido, e não quando buscada de maneira direta e ensimesmada.[26]

Frankl questiona e responde: "com que respaldo podemos admitir a ideia de que a vida, incondicionalmente, é – e permanece – plena de sentido? Ora, o respaldo que tenho em mente não é moralista, mas, simplesmente, empírico" (FRANKL, 2011, p. 89). A saída da logoterapia é a de voltar-se para o modo através do qual o homem comum, o homem da rua, "que não vagou durante anos de psicanalista em psicanalista", o homem que "não sofreu por anos a fio a doutrinação dos cursos universitários de psicologia" (FRANKL, 2003b, p. 32) experimenta os sentidos e os valores, traduzindo, posteriormente, tais experiências em linguagem científica. Para Frankl, é a fenomenologia[27] – enquanto método de investigação – que assume a tarefa de operar essa "tradução". Por sua vez, a logoterapia, a partir disso, deve "retraduzir" para uma linguagem simples o que se apreendeu dessas análises fenomenológicas:

> Do modo como vejo, constitui a tarefa da fenomenologia traduzir essa sabedoria do coração (*sapientia cordis*) para uma terminologia científica. Se a moral deve sobreviver, ela não tem apenas que ser 'ontologizada' e 'existencializada', mas também 'fenomenologizada'. Dessa forma, *o homem comum, das ruas, torna-se o verdadeiro professor da moral* (FRANKL, 2000a, p. 126, grifos nossos).

Em linhas gerais, de que modo seria possível encontrar sentido? Frankl responde a tal questionamento, citando uma frase da psicóloga Charlotte Bühler, que afirmou que tudo o que se poderia fazer seria "estudar a vida das pessoas que parecem haver encontrado suas respostas às questões em torno das quais gira em última análise a vida humana e compará-las com

---

26 A fórmula logoterapêutica da realização humana, uma crítica aberta ao psicologismo e ao potencialismo, pode ser resumida na seguinte passagem: "Se quero vir a ser o que posso, tenho de fazer o que devo. Se quero vir a ser eu mesmo, tenho de cumprir obrigações e exigências concretas e pessoais. Se o homem quer chegar a seu eu, a seu si-mesmo, *o caminho passa pelo mundo*" (FRANKL, 1995, p. 105, grifos nossos).

27 O método fenomenológico, aí, aparece como "tentativa de descrição do modo como o ser humano entende a si próprio, do modo como ele próprio interpreta a própria existência, longe dos padrões pré-concebidos de explicação, tais como os forjados no seio das hipóteses psicodinâmicas ou socioeconômicas" (FRANKL, 2011, p. 16). Para Frankl, somente a análise fenomenológica preserva o caráter de sujeito da pessoa espiritual e a objetividade dos valores, dando-nos condições de "coefetuar os atos" e, ao invés de prescindir dos valores, "vê-los simultaneamente" com o paciente (FRANKL, 1978, p. 196).

a vida daquelas que não as encontraram" (BÜHLER *apud* FRANKL, 1992, p. 123). Esse modo de existência – do homem em busca de sentido – é aquilo que este homem "da rua" quer dizer quando fala de "ser homem" (FRANKL, 2003b, p. 31). Trata-se daquilo que, em logoterapia, se entende pela autocompreensão ontológica pré-reflexiva do ser humano: ainda que, de maneira não formal ou intelectualizada, o homem compreende a si mesmo como um ser em busca de sentido; tal é a hipótese frankliana (FRANKL, 1992, p. 71). Há comprovação empírica de que, independentemente de fatores como condição social, sexo, orientação religiosa, idade, QI e meio ambiente, o ser humano pode encontrar sentido para sua vida (FRANKL, 1992, p. 80).

A autocompreensão ontológica pré-reflexiva se constitui, basicamente, de dois aspectos: de uma compreensão pré-lógica do ser e de um entendimento pré-moral do sentido (FRANKL, 2000b, p. 127): de fato, Frankl defende que "a logoterapia não age em moldes moralistas, mas sim dentro de um quadro fenomenológico". E assevera: "Evitamos emitir juízos de valor sobre quaisquer realidades. *Apenas constatamos realidade na vivência de valores experimentada por homens modestos e sinceros*" (FRANKL, 1990, p. 20, grifos nossos). O slogan de Frankl a respeito da realidade do sentido e dos valores parece ser: "A logoterapia se baseia em *afirmações sobre valores tomados como fatos*, não em *julgamentos sobre fatos tomados como valores*" (FRANKL, 2011, p. 92, grifos originais).

Didaticamente, dividiram-se, na logoterapia, três classes fundamentais de valores em que o ser humano pode encontrar sentido em sua existência. Tais classes circunscrevem uma tipologia, um contexto, para os sentidos concretos que a vida irá me exigir. Posso encontrar sentido na minha ação enquanto criador: quando enriqueço o mundo com minha atividade, na minha doação a uma tarefa criativa. Os sentidos realizados nesse âmbito formam os chamados valores de criação. Posso, também, encontrar sentido em minha vida quando me entrego à experiência de algo que recebo no mundo, ou no encontro de amor com outro ser humano: aqui, temos os valores de vivência. No entanto, ainda que a vida me impossibilite a criação ou o amor, posso encontrar sentido na experiência dignificante de um destino imutável, através da escolha de uma atitude afirmativa da vida: têm-se, aí, os valores de atitude:

> Pois não somente uma vida ativa tem sentido em dando à pessoa a oportunidade de concretizar valores de forma criativa. Não há sentido apenas no gozo da vida, que permite à pessoa realizar valores na experiência do que é belo, na experiência da arte ou da natureza. Também há sentido naquela vida que – como no campo de concentração – dificilmente oferece uma chance de se realizar criativamente ou em termos de experiência, mas que lhe reserva apenas uma possibilidade de configurar o sentido da existência, e que consiste precisamente na atitude com que a pessoa se coloca face à restrição forçada de fora sobre seu ser. [...] Se é que a vida tem sentido, também o sofrimento necessariamente o terá (FRANKL, 1985a, p. 67).

Com os valores de atitude, Frankl arremata seu princípio do sentido onipresente e incondicional da vida, citando, como ilustração, os dizeres de Goethe: "Não há nada que não se deixe melhorar: seja pela atividade, seja pela paciência", que, colocados em outras palavras, significam: "Ou nós mudamos o destino – na medida em que isto é possível – ou então nós o aceitamos de boa vontade – na medida em que isto é necessário" (FRANKL, 1981, p. 73). O sofrimento, em si, não é o que aparece como problema, mas, sim, o desespero. Este é que se configura como o sofrimento vivido no absurdo, na ausência de sentido. Nesse raciocínio, é que a logoterapia reformula as considerações práticas do êxito clínico da psicanálise freudiana,[28] postulando que: 1) o sujeito deve recobrar sua capacidade de amar (no lugar de, meramente, realizar prazer, gozar); 2) ele deve recuperar sua capacidade de trabalhar e 3) deve readquirir sua capacidade de enfrentar o sofrimento (LUKAS, 1989a, p. 23). Neste trabalho, não nos debruçaremos sobre a imensa casuística da logoterapia, contentando-nos em, apenas, citar as três categorias. O sentido aparece como o *para-quê-viver*, quando um *querer-sobreviver* se torna um *dever-sobreviver*; quanto a isso, há experiências "que confirmam até que ponto é correto e importante o que Friedrich Nietzsche disse: só quem tem um 'porquê' para viver suporta quase qualquer 'como' viver" (FRANKL, 1995, p. 123). Frankl assume vislumbrar nessas palavras um "lema para a psicoterapia" (*idem*).

O presente tópico teve como tema esclarecer os usos do termo "sentido" na logoterapia, a fim de que se fundamentasse, minimamente, uma noção geral a respeito da visão de mundo subjacente ao pensamento

---

28 "Há muito tempo, abandonamos a posição da psicoterapia clássica; já não achamos, portanto, que a missão da terapia seja unicamente a de tornar a pessoa apta ao trabalho e ao prazer. É preciso capacitá-la a suportar o sofrimento" (FRANKL, 1978, p. 193).

de Frankl. Para concluirmos, no entanto, faz-se mister que se frise a consequência maior que essa visão de mundo – sob a incondicionalidade do sentido – acarreta: uma postura radical de afirmação da vida, em seu caráter de finitude e de sofrimento. Contra o pessimismo contemporâneo, Frankl se diz "realista" (FRANKL, 2011, p. 10), ou ainda, um "otimista trágico",[29] que, em momento nenhum, pode ser confundido com alguém que se vale de um "otimismo barato" (FRANKL, 1981, p. 64), o qual exigiria esforços artificiais, vazios e indignos do homem:

> Em outras palavras, o que importa é tirar o melhor de cada situação dada. O 'melhor', no entanto, é o que em latim se chama *optimum* – daí o motivo por que falo de um otimismo trágico, isto é, um otimismo diante da tragédia e tendo em vista o potencial humano que, nos seus melhores aspectos, sempre permite: 1. transformar o sofrimento numa conquista, numa realização humana; 2. extrair da culpa a oportunidade de mudar a si mesmo para melhor; 3. fazer da vida um incentivo para realizar ações responsáveis (FRANKL, 1985a, p. 119).

---

[29] A tese sobre o "otimismo trágico" reside em dizer "sim à vida" apesar da tríade trágica da existência humana: sofrimento, culpa e morte. Mais do que isso, trata-se da exortação da possibilidade de se transformarem tais aspectos irrecusáveis da vida humana em algo genuinamente positivo, uma conquista ou triunfo.

2. O HOMEM E A VONTADE DE SENTIDO

A visão de homem defendida por Frankl é, provavelmente, o aspecto mais conhecido de sua obra, na medida em que ela fundamenta diretamente seu pensamento clínico: "As aplicações clínicas da logoterapia seguem-se, de fato, de suas implicações antropológicas" (FRANKL, 2011, p. 125). O presente capítulo terá como objetivo explicitar aquilo que entendemos haver de mais importante nessa concepção, ao investigar os dois momentos cruciais dessa problemática.

O primeiro diz respeito à antropologia explícita (FRANKL, 1978, p. 72) que Frankl constrói e assume como pedra angular de seu projeto terapêutico. O pai da logoterapia sempre deixou claro o seu posicionamento de que "qualquer psicoterapia se desenrola num horizonte apriorístico", asseverando que qualquer escola psicoterápica há de ter "como base uma concepção antropológica, por mais inconsciente que seja". Obviamente, nem todas as escolas assumem essa antropologia, o que faz Frankl reafirmar sua posição a respeito, dizendo que: "Qualquer psicoterapia baseia-se em premissas antropológicas ou, se não forem conscientes, em implicações antropológicas" (FRANKL, 1995, p. 62-63).

O segundo momento diz respeito à consequência mais imediata dessa antropologia explícita: a compreensão do homem como um ser em busca de sentido. O objetivo, portanto, desse segundo momento será o de explicitar a categoria que constitui, na visão da logoterapia, a fonte primária de motivação do ser humano: a vontade de sentido, tendo como base a visão de mundo defendida no capítulo anterior, em que se procurou analisar a noção mesma da categoria "sentido".

2.1 O homem

> *O homem é mais do que organismo psicofísico: é pessoa espiritual. Nessa qualidade, é livre e responsável, livre 'do' psicofísico e 'para' a realização de valores e o preenchimento do sentido de sua existência. É um ser que luta para realizar valores e preencher o sentido. Não identificamos no homem apenas a luta pela vida, mas também a luta pelo sentido da vida. E auxiliá-lo nessa luta é talvez a missão mais notável da ação psiquiátrica (FRANKL, 1978, p. 177).*

A epígrafe do presente tópico resume, em uma síntese magistral, a fórmula utilizada por Frankl para compor sua imagem de homem. A grande questão aqui é compreender o conceito personalizante de "espírito", bem como o modo peculiar através do qual tal categoria foi introduzida na concepção antropológica da logoterapia. A noção de "espírito" já está intencionalmente presente na formação etimológica do nome "logoterapia". O próprio Frankl sempre definiu sua empresa terapêutica como uma "psicoterapia em termos espirituais" (FRANKL, 2003a, p. 17). O prefixo grego *logos* foi utilizado por ele a fim de tomar para seu sistema a peculiar polissemia do termo, que pode ter tanto a acepção de "sentido", quanto de "espírito" (FRANKL, 2011, p. 28).

Antes de, propriamente, investigarmos a referida categoria na letra de Frankl, cabe, aqui, recorrer ao tratado antropológico de Henrique Lima Vaz (2001), brevemente, a fim de que esbocemos uma retrospectiva histórica das diferentes noções sobre o que já se concebeu filosoficamente a respeito da ideia de espírito. Primeiramente, vê-se o espírito enquanto *pnêuma*, que tem seu eixo metafórico na noção de "sopro vital": vida em organização superior, princípio organizador de vida. Como *noûs*, vê-se o espírito enquanto intelecto, inteligência, forma mais elevada da produção de conhecimento. Já como *logos*, a categoria assume ares de atividade ordenadora da razão universal, da palavra, meio através do qual o espírito, também, se manifesta por excelência. Enquanto *synesis*, tem-se a consciência de si mesmo, a volta sobre si mesmo, partindo da exterioridade da Natureza:

> Segundo esses quatro temas fundamentais que se entrelaçam para constituir o núcleo conceptual da noção de espírito, podemos enumerar as propriedades essenciais desse núcleo constituindo a estrutura noético-pneumática do homem, ou seja, a sua estrutura enquanto *inteligência* e *liberdade*. Desde o ponto de vista da

inteligência, o homem, ser *espiritual*, deve ser definido *ser-para-a-verdade;* desde o ponto de vista da liberdade, deve ser definido *ser-para-o-bem* (VAZ, 1991, p. 212).

Manfredo de Oliveira (1995) remete a noção de espírito à capacidade humana da "distância originária": como ser de palavra, o homem pode, em princípio, tudo objetivar, tudo tornar objeto de seu conhecimento, facultando-se à contraposição de tudo o que for factual. Pode distanciar-se de tudo, inclusive, de si mesmo. A transcendência do singular aponta para um ser paradoxal, "sempre determinado e sempre para além de qualquer determinação" (OLIVEIRA, 1995, p. 74): "Nenhum mundo histórico é capaz de determiná-lo de modo definitivo, pois a pergunta, em sua radicalidade, mostra que o homem é capaz de transcender qualquer imediatidade, qualquer dado" (*idem*). Define o filósofo cearense: "Esta liberdade entendida como transcendência, distância absoluta, é aquilo que a tradição chamou de espírito" (*idem*, p. 63).

Scheler formulou, através da categoria "espírito", o cerne de sua antropologia filosófica, encontrando, a partir de tal princípio, a "posição peculiar" do homem no "cosmo":

> Se colocarmos no ápice do conceito de espírito uma função particular de conhecimento, a espécie de conhecimento que só ele pode dar, então a determinação fundamental de um ser espiritual, como quer que este venha a ser constituído psicologicamente, é o seu *desprendimento existencial do orgânico*, sua liberdade, sua separabilidade – ou ao menos a separabilidade de seu centro existencial – ante os laços, a pressão e a dependência do *orgânico*, da 'vida' e de tudo o que pertence à vida – portanto, também de sua própria 'inteligência' pulsional (SCHELER, 2003, p. 36).

Mas qual é o real significado dessa categoria no sistema de Frankl? O núcleo conceitual da noção de espírito na logoterapia diz respeito, em primeiro lugar, à ideia de liberdade. O "espiritual" no homem designa, ontologicamente, aquela dimensão de lucidez que pode confrontar-se com toda gama de condicionamentos – sejam estes sociológicos, biológicos ou, até mesmo, psíquicos: "Por definição, o espiritual é só o livre no homem. Partindo de um princípio, chamamos 'pessoa' só aquilo que pode comportar-se livremente, sejam quais forem as circunstâncias" (FRANKL, 1995, p. 96). Encontramos, aí, a dimensão constitutiva do ser do homem, cuja organização estudaremos em detalhe mais adiante. Contudo, na prática, perante que determinações ocorre essa liberdade? O confronto com os condicionamentos se dá, basicamente, diante de três complexos de determinações: os instintos e o caráter[1] (condicionamentos psíquicos); a hereditariedade e o corpo (condicionamentos biológicos) e o meio ambiente físico e social (condicionamentos sociológicos). Trata-se daquilo que Frankl batizou de destino psicológico, destino biológico e destino sociológico (FRANKL, 2003a, p. 125-137).[2]

Quanto ao primeiro tópico, Frankl nega o determinismo instintivo do homem, sem negar a irrecusável realidade instintiva que integra sua humanidade. Sua fórmula, nesse sentido, parece ser: "O homem possui instintos, mas os instintos não possuem o homem" (*idem*, p. 90). A afirmação dos instintos não contradiz a liberdade humana, pois pressupõe a possibilidade de negação dos mesmos. Em seu funcionamento psicológico, fica evidenciado que, no homem, os instintos nunca aparecem "em si". Frankl defende uma espécie de *a priori* espiritual que pré-configura toda atividade instintiva. A tomada de posição espiritual se sobrepõe – ao menos, facultativamente – a toda instintividade, de modo que "os instintos são sempre dirigidos e marcados a partir da pessoa; os instintos sempre são personalizados" (*idem*, p. 90).

Essa lacuna, esse intervalo que "descola" o ser humano da facticidade de sua condição instintiva constitui sua liberdade espiritual, de modo que aí logo se mostra a distinção básica entre homem e animal: enquanto o animal "é" seus instintos, a instintividade do homem sempre está incluída em sua espiritualidade. O animal é idêntico a seus instintos, exatamente, porque não haveria uma vontade autoconsciente que se sobrepusesse ou

---

[1] A expressão "caráter", aqui, deve ser compreendida enquanto termo técnico da psicologia, ou seja, como conjunto das disposições psíquicas (tipologia psicológica) ou personalidade concreta do indivíduo.

[2] Com o termo "destino" (*Schicksal*), a logoterapia entende designar "o que há de fatal" (*Schicksalhafte*) na vida humana: "nós denominamos destino exatamente aquilo sobre que não temos influência, aquilo que essencialmente escapa ao poder de nossa vontade" (FRANKL, 1981, p. 95). A liberdade humana não é uma liberdade solta, "flutuante"; ela só existe dialeticamente, perante as formas concretas de destino: "toda a liberdade humana depende do que há de fatal, na exata medida em que só neste elemento e a ele aderindo pode desenvolver-se" (FRANKL, 2003a, p. 123). Para Frankl, a relação dialética entre destino e liberdade é marcada pela atitude pessoal diante do imutável, defendendo-se a ideia de um homem coplasmador de seu destino, ao invés de, meramente, vítima deste (LUKAS, 1989a, p. 39).

perdurasse às mudanças de seus impulsos instintivos. É nesse sentido que Frankl (2011, p. 45), com Scheler (2003, p. 38), afirma que o ser humano é aberto ao mundo (*Welt*), em contraste com os animais, os quais se limitam a um meio (*Umwelt*) particular à espécie. O meio ambiente do animal contém todos os elementos necessários à constituição instintiva da espécie. Contudo, a superação das barreiras que o meio impõe à espécie *homo sapiens* se revela uma característica essencial da existência humana. O homem busca – e, em sua busca, tende a atingir – o mundo, "mundo esse repleto de outros seres humanos a encontrar e de sentidos a preencher" (FRANKL, 2011, p. 45).

Detenhamo-nos um pouco mais nessa "abertura ao mundo". Scheler explicitou a essencial diferença entre essas duas realidades a partir de uma elaborada distinção entre os esquemas cognitivos do homem e do animal. O comportamento animal sempre é iniciado por um estado "fisiológico-psíquico". A estrutura do ambiente (isto é, a conformação daquilo que o animal perceberá como seu mundo) é ajustada às suas especificidades fisiológicas e à rigorosa unidade de função composta por sua estrutura sensório-pulsional. Esse estado "fisiológico-psíquico" se traduz por uma meta pulsional diretriz, a qual dita as alterações reais que o animal produz no meio ambiente. Essas alterações no ambiente, por sua vez, promovem a constituição concomitante de um novo estado fisiológico-psíquico que, nessa relação, se altera de maneira incessante. É nesse sentido que Scheler afirma que um animal sempre chega, por assim dizer, a um lugar "diverso do que ele originariamente 'queria' chegar", interpretando através desse raciocínio o aforismo nietzschiano segundo o qual "o homem é o animal que *pode prometer*" (SCHELER, 2003, p. 40). O esquema cognitivo-comportamental do animal é representado pelo pensador dessa maneira:

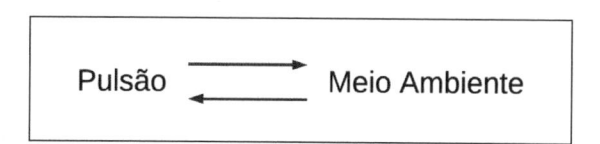

```
Pulsão  ⇄  Meio Ambiente
```

No caso do homem, como ser espiritual, opera-se uma inversão: há liberdade diante do meio ambiente e abertura para o mundo. O ser humano consegue alçar ao status de objeto seus estados fisiológico-psíquicos, ao passo em que o animal se perde *ekstaticamente* – isto é, sem autoconsciência do objeto – diante da impossibilidade desse distanciamento. Scheler defende que o animal, diferentemente dos vegetais, possui consciência, mas não se trata de uma consciência de si. Autoconsciência – a capacidade de reflexão – é uma característica essencial do homem:

> Por força de seu espírito, o ser que denominamos 'homem' não consegue apenas ampliar o meio ambiente até o interior da dimensão da mundaneidade e objetivar resistências, mas ele também consegue – e isto é o mais espantoso – objetivar uma vez mais a *sua própria constituição fisiológica e psíquica* e cada vivência singular psíquica, cada uma de suas funções vitais mesmas. Apenas por isto ele pode modelar livremente a sua vida. O animal ouve e vê – mas sem saber *que* ouve e vê. A *psiche* do animal funciona, vive – mas o animal não é nenhum possível psicólogo ou fisiólogo! (*idem*, p. 39).

É nesse sentido que, na concepção da logoterapia, "não só quando os instintos estão inibidos, mas também quando eles se desembaraçam, o espírito sempre age, sempre interfere, ou permanece em silêncio no interior" (FRANKL, 1995, p. 91). Logo, sempre que se manifesta no homem uma "atividade instintual desintegrada", já não se trata de um homem são (FRANKL, 1990, p. 32). Instintividade e liberdade se encontram numa relação de necessidade recíproca: "no homem, não há instintos sem liberdade, nem liberdade sem instintos" (FRANKL, 1995, p. 32). A instintividade, na metáfora de Frankl, seria como um chão sobre o qual a liberdade deveria caminhar e, eventualmente, a partir do qual pudesse lançar-se. O argumento central da logoterapia com relação a esse assunto nos parece ser o de que toda atividade instintiva, no homem, é sempre trespassada por uma zona de liberdade:

> O *id* (instintividade) é sempre o *id* de um 'eu', e este 'eu' não é joguete dos instintos (também não é um joguete dos 'instintos do eu'). O 'eu' não é uma simples resultante de componentes do 'instinto' que tivéssemos imaginado como uma espécie de um paralelogramo de forças. Pelo contrário, o 'eu' tem, desde o princípio, e em todos os casos, o poder de decisão. Este poder do eu em relação ao *id* não pode ser, por outro lado, derivado da instintividade (FRANKL, 1978, p. 158).

Frankl não concorda com a acusação de que a psicanálise seja pansexualista (FRANKL, 1985a, p. 112), mas reconhece nela um pressuposto bem mais "errôneo e perigoso": o pandeterminismo (FRANKL, 2003a,

p. 19). Quanto à questão do controle do *id* pelo eu,³ o pai da logoterapia adverte para que não se coloque num mesmo plano a distinção entre poder e força. Ilustra o argumento do controle apriorístico do eu sobre o *id* com uma metáfora: essa relação seria como a de um juiz senil que condena um réu atlético. Isto é, questionar o poder do juiz, nesse caso, seria o mesmo que confundir o "poder judicial" com "poder físico". Há de se distinguir, como o fez Martin Buber (*apud* FRANKL, 1978, p. 158), entre "força" e "capacidade de pôr forças em movimento", o que seria o característico da atividade espiritual:

> É impossível, por conseguinte, conceber o ego como fundamentado nos impulsos. O que, entretanto, não exclui que em todo esforço pelos valores se encaixa algo de pulsional, já que, como dissemos, os impulsos atuam como energia alimentadora. A energia, todavia, é mobilizada pelo ego, que pode e deve dela dispor. A energia pulsional que entra na dinâmica do anseio pelos valores terá sido mobilizada por uma instância não-pulsional, cuja realidade é comprovada justamente através dessa mobilização (FRANKL, 1978, p. 209).

Cumpre frisar que a logoterapia não nega,⁴ portanto, os instintos em si – isso, tanto do ponto de vista ôntico, quanto do ponto de vista ético. Quando for oportuno, o homem pode e deve afirmar seus instintos. No entanto, não se poderia afirmar algo sem que, antes, se pudesse ter tido a oportunidade de negá-lo: "Importa afirmar os instintos, mas não afirmá-los à custa da liberdade, mas sempre no contexto, e em nome da liberdade" (*idem*, p. 158). A logoterapia também se esforça em combater as leituras antropológicas psicologistas, na medida em que afirma a liberdade humana em face de outro condicionamento psíquico: do caráter, ou tipo psicológico.

O indivíduo neurótico, do ponto de vista da logoterapia, é, essencialmente, aquela pessoa que distorce a interpretação da própria existência,

---

3 "O *ego* 'quer'. O *id* 'impulsa'. Mas nunca o *ego* é absolutamente 'impulsado'. Velejar não é simplesmente deixar o bote correr ao sabor do vento que o 'impulsa'; a arte de velejar começa, antes, pelo contrário, precisamente quando se está em condições de imprimir à força do vento a direção desejada, podendo-se, inclusive, dirigir a embarcação contra o vento" (FRANKL, 2003a, p. 131).

4 "Não negamos, de modo algum, a vida instintiva, o mundo dos instintos do homem. Assim como não negamos o mundo exterior, não negamos o mundo interior; não somos solipsistas nem em relação ao mundo circundante, nem solipsistas, no sentido figurado, com relação ao mundo interior" (FRANKL, 1978, p. 157).

transformando-a de um poder-vir-a-ser-sempre-de-outra-forma num dever--ser-assim-e-não-de-outra-forma[5] (FRANKL, 1995, p. 100). Frankl frisa a usualidade com que se escuta de tais indivíduos o apelo a um determinado caráter, ou tipo psicológico, e afirma que, no mesmo instante em que esse apelo toma lugar, o indivíduo busca um bode expiatório, um pretexto para desonerar-se de sua liberdade de tomar posição diante de sua estrutura psicológica, a qual não o determina, apenas o condiciona: aquilo que o caráter condiciona, por conseguinte, "em caso nenhum é o decisivo; o decisivo, em última instância, é sempre a tomada de posição da pessoa. Portanto, 'em última instância', a pessoa (espiritual) decide sempre acima do caráter (psíquico)" (*idem*, p. 98). A pessoa espiritual é livre e encontra-se sempre confrontada com seu caráter psíquico, que constitui aquela instância perante a qual ela é livre: "O caráter é criado; a pessoa é criativa" (FRANKL, 1978, p. 160). Obviamente, não se trata de um julgamento moral: não se quer dizer, com isso, que o indivíduo é livre no sentido de ser responsável pelo acontecimento da própria neurose; defende-se, apenas, que se é responsável pela atitude tomada diante da neurose, a qual, por sua vez, não determina essa dita atitude.

A logoterapia reconhece que, na prática, o homem, frequentemente, não "é" livre de seus instintos. No entanto, facultativamente, o ser humano é e permanece livre, de modo que, sempre que assim não parecer, é porque renunciou à própria liberdade. Sempre que age como "se fosse conduzido" é porque o homem se deixou conduzir, já que "ele pode muito bem entregar-se a seus instintos, mas mesmo esta entrega é de sua responsabilidade" (*idem*, p. 159). Essa faculdade, no entanto, é o que faz toda a diferença, já que o que realmente importa não são os condicionamentos psicológicos em si, mas, sempre, a atitude que tomamos diante deles: "É a capacidade de posicionar-se dessa maneira que faz de nós seres humanos" (FRANKL, 2011, p. 27).

No que diz respeito ao argumento do determinismo biológico, a logoterapia garante que a liberdade humana se afirma, inclusive, diante

---

5 "No fatalismo neurótico, o que há é um livre-arbítrio encoberto: o homem neurótico barra a si próprio o caminho para suas próprias possibilidades; atravessa-se a si próprio no caminho que o levaria ao seu 'poder-ser'. Assim, deforma sua vida e furta-se à 'realidade do devir', em vez de a executar" (FRANKL, 2003a, p. 123).

da constituição genética do indivíduo. Frankl, dos vários exemplos que cita, retoma o resultado dos experimentos do psiquiatra Johannes Lange (1891-1938 – referência de Frankl à obra *Verbrechen als Schicksal: Studien an kriminellen Zwillingen*) com gêmeos monozigóticos, os quais revelaram vários casos relevantes ao tema em questão, como aquele em que um dos irmãos se tornara um astuto criminoso, enquanto o outro viera a ser um criminalista igualmente astucioso. O que se revelou foi a noção a respeito de como podem ser diferentes as vidas construídas por sobre uma constituição genética idêntica. Ora, a predisposição inata, a astúcia, está presente em ambos os irmãos, mas, em si mesma, mostrou-se neutra quanto aos rumos que cada um tomou – rumos esses não determinados pela constituição genética em si, mas, sim, pelas decisões diferentes que ambos vieram a tomar. Para além desse condicionamento, existe a decisão do homem, capacidade esta que "o eleva e o projeta além de suas contingências" (FRANKL, 1990, p. 142):

> Talvez também suceda que as características hereditárias em si mesmas não signifiquem nenhum valor ou desvalor, mas que nós podemos transformar uma disposição inata em qualidade positiva ou negativa. Se assim for, razão tinha Goethe também sob os aspectos biológico e psicológico e sob o aspecto da pesquisa da hereditariedade, quando, em sua obra *Wilhelm Meisters Wanderjahren*, diz: 'Por natureza, não possuímos nenhum defeito que não possa transformar-se em virtude, e nenhuma virtude que não possa transformar-se em defeito' (*idem*, p. 143).

Para Frankl, a carga genética determina, unicamente, a condição psicofísica do homem. Os cromossomos herdados dos pais determinam o homem naquilo que ele "tem", mas nunca naquilo que "é". Cada ser humano que nasce é um *novum* absoluto: a existência espiritual é intransmissível, jamais podendo ser hereditária. O que se passa de pais a filhos é sempre uma "possibilidade psicofísica", uma potência psicofísica; o que se transmite é "apenas o espaço psicofísico de ação", mas nunca a liberdade espiritual que se relaciona com esse espaço. Numa palavra: "o que é transmissível são as fronteiras psicofísicas, não o que fica entre elas. São as pedras da construção, jamais o mestre-de-obras" (FRANKL, 1978, p. 126).

Logo, a herança biológica (isto é, o corpóreo) é a simples possibilidade. Sob tal condição, nosso corpo já é, de algum modo, aberto à dimensão que seja capaz de realizar essa possibilidade, já que, em si, uma possibilidade corporal não é nem mais nem menos que uma forma vazia posta à disposição pelo biológico – uma forma vazia à espera de preenchimento. É nesse sentido que Frankl assevera que a relação existente entre a pessoa espiritual e sua constituição somática é de natureza expressivo-instrumental:[6] o espírito organiza e instrumenta o organismo psicofísico; a pessoa espiritual "o forma 'para si', na medida em que o faz utensílio, órgão, *instrumentum*" (*idem*, p. 117). O destino biológico se mostra, diante da liberdade humana, como puro "material a configurar". O portador inalienável de tal destino – algo que, obviamente, todos nós somos – confere sentido a essa forma de determinação ao integrá-la na "estrutura histórica e biográfica de sua vida" (FRANKL, 2003a, p. 129).

No que diz respeito ao determinismo do meio, Frankl defende que, diante dos condicionamentos irrecusáveis que o ambiente impõe ao homem, em última instância, o que realmente importa é o que o homem faz do próprio meio, isto é, a atitude que o homem toma diante do meio. Dos diversos exemplos que cita, argumenta com o estudo de Robert J. Lifton a respeito dos soldados americanos que se tornaram prisioneiros de guerra na Coreia do Norte: "Houve bastantes exemplos entre eles tanto de um comportamento extremamente altruísta, como também das formas mais primitivas de luta pela sobrevivência" (FRANKL, 1995, p. 92).

Aquilo que Frankl chamou de *experimentum crucis*, isto é, sua experiência de três anos como prisioneiro nos campos de concentração da Segunda Guerra Mundial, também serviu de comprovação para o argumento da logoterapia sobre o tema: "Neles [nos campos de prisioneiros], era possível ver o 'poder de decisão' do espiritual: enquanto um se deixava transformar num 'patife', outro – *ceteris paribus* – se tornava um 'santo'" (FRANKL, 1978, p. 133). O questionamento fundamental parecer ser: o homem ainda arcaria com a responsabilidade por aquilo que o campo de concentração "fez" dele?

---

[6] Frankl cita a obra de A. W. Kneucker sobre filosofia da medicina, em que o autor esvazia a ideia de liberdade no homem através da defesa de um determinismo glândulo-hormonal. O ápice desse "fatalismo médico" parece concentrar-se na passagem "quanto mais ativas são as glândulas, mais passivas são, geralmente, as ideias morais". Sobre isso, Frankl comenta "Na realidade, uma 'ideia moral' ou, para melhor dizer, um propósito só começa verdadeiramente, quando um homem é senhor da 'atividade' das suas 'glândulas', isto é, quando lhe opõe a atividade do seu espírito, quer dizer, quando reage como pessoa espiritual a um *faktum* psicofísico (que nunca representa um *fatum*)" (FRANKL, 1978, p. 156).

Frankl não hesita em responder que sim. Perguntando a si mesmo se, em tais condições, ainda haveria espaço para algo como "decisão", responde: "Não nos admira; pois 'existência' – para cuja nudez e desproteção o homem foi reconduzido – nada mais é do que decisão" (FRANKL, 1981, p. 66). Mesmo num ambiente socialmente tão adverso e determinado ao pior, ainda restava ao homem aquela "derradeira liberdade com que, de um modo ou de outro, consegue ele configurar sua existência":

> Há exemplos bastantes – frequentemente heroicos – que demonstram como o homem, mesmo em campos deste tipo, 'também pode ser-diferentemente', não tendo que sucumbir às leis, à primeira vista, onipotentes, do campo de concentração, que lhe impõem uma deformação anímica. Antes pelo contrário, está demonstrado que, quando alguém assume as propriedades caracterológicas típicas dos presidiários dos campos [...] e, portanto, sempre que alguém sucumbe às forças de seu meio-ambiente social que lhe modelam o caráter – é precisamente porque antes se deixou decair no aspecto espiritual (FRANKL, 2003a, p. 141).

Disso depreende-se que um mesmo ambiente pode gerar as mais diferentes reações, isto é, um meio idêntico vem a possibilitar as atitudes mais diversas face a ele.[7] Ainda que confrontado pelas situações mais adversas, o homem pode posicionar-se diante desses condicionamentos, distanciar-se deles e decidir-se sobre si mesmo. Um mesmo meio de privação material, por exemplo, pode condicionar indivíduos a iniciarem uma vida delituosa, porém nunca determiná-los a isso. Um ambiente idêntico de violência pode viabilizar o desenvolvimento de toda uma sorte de pessoas violentas, mas nunca os conduzir inevitavelmente a tal destino. A liberdade, nesse sentido, não é algo que eu venha a "perder" – assim como posso perder qualquer coisa que eu "tenha" – mas, sim, algo que "sou" e do qual só posso afastar-me por decisão, quando decido abrir mão de agir livremente: "Não se perde a liberdade de atitude perante uma situação concreta; o que sucede, simplesmente, é que o homem se lhe entrega, numa atitude de desistência" (*idem*).

---

7 "Embora Freud tenha dito 'a experiência demonstra que, diante da fome, as diferenças individuais se apagam. Com o aumento da imperiosa necessidade de alimentação, as diferenças desaparecem e em seu lugar manifestam-se uniformes exigências do instinto insatisfeito', na realidade, é o contrário que ocorre. No campo de concentração, os homens se diferenciavam. Os salafrários deixavam cair as máscaras. E os santos se manifestavam. A fome fazia vir à tona a qualidade de cada um. A fome era sempre a mesma, em ambos os casos, os homens é que eram diferentes" (FRANKL, 1978, p. 178-179).

O mesmo vale para as chamadas "leis sociológicas", as quais, segundo o pensamento frankliano, nunca atuam passando "por cima dos indivíduos", mas sempre "através deles". A possível validade dessas leis só pode ser pensada na medida em que os cálculos digam respeito à psicologia das massas, o que, ainda assim, só poderia ocorrer na medida em que se pudesse medir algo como um tipo psicológico médio (*idem*, p. 117). Frankl reconhece a condição do indivíduo na estrutura social, afirmando que a comunidade exerce dois tipos de determinação por sobre ele: o organismo social, como um todo, o condiciona; por outro lado e simultaneamente, o indivíduo é orientado para se ajustar ao dito organismo. Nessa dupla relação, Frankl distingue duas condições: uma "causalidade social" exercida sobre o indivíduo e a emergência de uma "finalidade social" para este. O psiquiatra defende, contudo, que essa causalidade social nunca absorve completamente o indivíduo, por cuja zona de liberdade individual qualquer "lei sociológica" tem de passar antes de influenciá-lo. Isto é: "o homem conserva também em face do destino social certa margem de livre possibilidade de decisão, tal como perante o destino biológico ou psicológico" (FRANKL, 2003a, p. 136).

A pessoa espiritual não se encontra livre dos condicionamentos e limitações impostos pelo "paralelismo psicofísico", tampouco o está das revezes do destino, da "fortuna", mas sempre se conserva um âmbito de liberdade para uma tomada de atitude diante de tais imposições:

> Ao demonstrarmos que o homem de modo algum é determinado inequivocamente pelos fatores vitais e sociais, pelo contrário, é livre deles e responsável por sua autodeterminação – ao fazermos isto, recuperamos a existência humana para o seu nível autêntico, por cima dos condicionamentos biológicos, psicológicos ou sociológicos. Doravante, cumpre, pela introdução da noção de transcendência na ciência do homem, restabelecer uma imagem do homem mais fiel à sua natureza (FRANKL, 1978, p. 270).

A partir do que dissemos até aqui, Frankl caracteriza como a "posição natural do homem" essas disposições biológica, psicológica e sociológica do ser humano, posição essa fixada sempre por suas ciências correspondentes. Para a logoterapia, no entanto, o homem só começa a ser homem na fronteira em que acaba toda a possibilidade de fixar tal posição; isto é, o que começa a partir daí, ligando-se à posição natural de um homem, é sua atitude pessoal, sua tomada de posição pessoal em relação a tais disposições, em qualquer situação:

> Pois bem, essa atitude *eo ipso* já não pode ser objeto de uma das ciências indicadas; ela se subtrai a qualquer abordagem desse tipo, realiza-se numa dimensão à parte. Além disso, tal atitude é essencialmente uma atitude livre; em última instância, é decisão. E, se ampliássemos nosso sistema de coordenadas com a última dimensão possível, então esta consistiria no que sempre é possível, graças à liberdade da atitude pessoal: trata-se da mudança existencial (FRANKL, 1995, p. 93).

É nesse sentido que, para Frankl, a psicologia deve fazer-se também enquanto "noologia"[8] (*idem*, p. 74). A logoterapia, para ele, tem em vista o "espírito integral, no sentido de 'espírito subjetivo'. Consequentemente, com relação àquela ciência problemática cuja aplicação a Psicoterapia representa, deveríamos falar de uma Noologia" (FRANKL, 1978, p. 74). Só uma "noologia" poderia vir a compreender a existência do homem. "Existência", para Frankl, é vida segundo o espírito. "Ex-sistir" implica sair de si mesmo, posicionar-se diante de si mesmo, elevando-se por sobre a própria constituição psicofísica como ser de liberdade: "A existência acontece no espírito" (FRANKL, 1995, p. 63). A existência é o não esgotamento em qualquer ser-assim. A figura 4 representa melhor a ideia:

Figura 4 (FRANKL, 2014, p. 60).

---

[8] Vale citar que o termo "espírito", na obra de Frankl, foi, gradativamente, sendo substituído por "dimensão noológica" (ou "noética"), como sinônimo (na acepção de *nôus* enquanto espírito), tendo em vista a série de mal-entendidos teóricos que foram sendo gerados, principalmente, nos Estados Unidos, onde – assim como no Brasil – o termo possui acepções de cunho religioso, ao contrário da conotação alemã da palavra *Geist*: "O que nós compreendemos como dimensão noológica se refere a uma conceituação antropológica, muito mais do que teológica. O mesmo também vale para o 'logos', no contexto do termo 'logoterapia'. Além de denotar 'sentido', 'logos' aqui significa 'espírito' – mas, novamente, sem qualquer conotação religiosa primária. Aqui, 'logos' significa a humanidade do ser humano e o sentido de ser humano!" (FRANKL, 2011, p. 28).

A existência está irrecusavelmente incluída em sua respectiva facticidade, mas nela não se absorve completamente. Isso constitui o que Frankl chamou de "estranho cunho dialético do homem" (FRANKL, 2005, p. 96): existência e facticidade se mostram como dois momentos que se interdependem, numa relação de exigência recíproca. Um sempre acontece no outro e pelo outro; incrustrados, só heuristicamente é que se podem separá-los: "separação heurística, simplesmente, porque o espiritual não é nenhuma substância em sentido consuetudinário". A dimensão espiritual, na verdade, representa mais exatamente uma entidade ontológica,[9] "e nunca se deveria falar de uma entidade ontológica como de uma realidade ôntica" (*idem*):

> Este paradoxo aponta o caráter dialético do homem, entre cujos traços essenciais figuram o achar-se sempre aberto e o estar sempre *encomendado* a si mesmo (*Sich-selbst-Auf-gegebenheit*): a sua realidade é uma possibilidade, e o seu ser é um poder-ser. Nunca o homem se confunde com a sua facticidade. Ser homem – poderíamos dizer – não significa ser facticamente, mas antes facultativamente (FRANKL, 2003a, p. 121).

Cumpre advertir, no entanto, que a logoterapia nunca se mostrou interessada em propagar algo como uma ideologia de autorredenção (LUKAS, 1989b, p. 158), no sentido de um ser humano onipotente. Frankl sabe que a pessoa espiritual é limitada.[10] Essa qualidade de limitação diz respeito ao caráter condicionado do ser humano; o homem só é incondicionado de forma facultativa, pois, de fato, permanece condicionado. Por mais que, constitutivamente, o homem seja um ser espiritual, ele continua sendo um ser limitado: "Daqui já deriva que a pessoa espiritual não é capaz de se impor absolutamente por meio dos estratos psicofísicos" (FRANKL, 1995, p. 83). Apenas de maneira limitada, o homem é um ser não-limitado; na verdade, o ser livre

---

9 Frankl refere sua preferência a que se indique "o espiritual", como expressão pseudossubstantiva, evitando a utilização corriqueira do substantivo "espírito", já que "com um substantivo, só se pode designar uma substância" (FRANKL, 1978, p. 165), o que, como vimos, não é o caso da categoria ora trabalhada.

10 Oliveira defende a mesma linha de raciocínio, afirmando que o homem, emergindo como tarefa originária, traz consigo a capacidade de dispor-se sobre si mesmo, de decidir-se sobre si mesmo. No entanto, esta disposição, diz ele, "nunca é absoluta, porque o homem continua sempre submetido ao mundo, dependente dele, pois é aí que ele desenvolve suas disposições, mais precisamente na obediência a suas leis mesmo em seu domínio sobre o mundo" (OLIVEIRA, 1995, p. 62).

do homem, afirma Frankl, não é um fato, mas um "simples *facultativum*" (*idem*, p. 99). O homem não tem que fazer sempre uso do poder de obstinação do espírito, já que, pelo menos, apesar de ele, tantas vezes, impor-se, apesar de seus instintos, apesar de sua hereditariedade e apesar de seu meio ambiente, muitas vezes, ele também vem a impor-se graças a seus instintos, à sua hereditariedade e ao seu meio ambiente (FRANKL, 1990, p. 119).

Após ter, minimamente, caracterizado o sentido com que a logoterapia trabalha a categoria "espírito", a questão que se põe é: como se pensar uma unidade antropológica frente à diversidade ontológica de que participa o homem? Frankl sabia-se inserido numa era de especialistas e compreendeu o desafio de constituir uma imagem unificada de ser humano, que viesse a ter um lugar para os achados compartimentalizados das diversas ciências a respeito do homem. Para ele, o real perigo da pesquisa científica contemporânea consiste não no fato de que os pesquisadores estão se especializando, mas, sim, no fato de que "os especialistas estão generalizando". O pai da logoterapia defende que, sempre que uma ciência específica clama por totalidade, esta mesma ciência se desfigura em ideologia, transforma-se em mais um "ismo": há sempre uma maneira biologista, psicologista ou sociologista de ler o homem. Na contemporaneidade, o reducionismo[11] tornou-se a máscara do niilismo, de modo que se faz premente responder à pergunta: "Em última instância, como será possível preservar o caráter de unidade do homem face ao pluralismo da ciência, num momento em que esse pluralismo é o solo fértil sobre o qual o reducionismo floresce?" (FRANKL, 2011, p. 33).

Frankl (2003a, p. 42) reconhece os méritos dos trabalhos da antropologia de Scheler e da ontologia de Nicolai Hartmann (1882-1950), no sentido de responder a tal questionamento, tendo em vista que ambos os pensadores levaram em conta o caráter qualitativo da diferença entre as dimensões

---

11 O repúdio às mais diversas formas de reducionismo, geradoras de "caricaturas" despersonalizadas do homem, foi o fio condutor da visão de ser humano desenvolvida por Frankl, que define tal problema como uma abordagem "pseudocientífica que negligencia e ignora o caráter humano de determinados fenômenos, ao reduzi-los a meros epifenômenos, mais especificamente, ao reduzi-los a fenômenos subumanos". É nesse sentido que Frankl define o reducionismo como um *sub-humanismo* (FRANKL, 2011, p. 29). Para o biologismo, o psicologismo e o sociologismo, a existência humana deverá sempre carecer de sentido, posto que, em cada um desses três aspectos, o homem aparece sempre como "uma marionete movimentada ora por fios internos, ora por fios externos" (FRANKL, 1978, p. 189).

ontológicas do corpo, psiquismo e espírito. No entanto, a organização de tais categorias em "camadas" (*Schichten*) – com Scheler – ou em "estratos" (*Stufen*) – com Hartmann – não respondia completamente à pergunta pela unidade radical do ser humano: como observa Herrera (2007, p. 142), essas formas de organização compartilham uma errônea ideia de potencial "separabilidade" entre as regiões ontológicas. Frankl, logo, procurou organizar uma concepção de homem que fizesse justiça radical às diferenças ontológicas e à unidade antropológica existentes no ser humano, propondo um modelo dimensional que fosse além da teoria da construção de graus e da organização de estratos. Propõe ele, para tanto, uma abordagem *more geometrico*[12] a que deu o nome de "ontologia dimensional":

> A característica da existência humana é a coexistência entre a unidade antropológica e as diferenças ontológicas, entre o modo de ser unitário da realidade humana e as modalidades diversas em que ela se divide. Em síntese, a existência humana é *unitas multiplex*, para usar uma expressão da filosofia de São Tomás de Aquino. A ela não fazem justiça nem o pluralismo, nem o monismo, tal como o encontramos em Spinoza, na *ethica ordine geometrico demonstrata*. Que seja permitido esboçar uma *imago hominis ordine geometrico demonstrata*, que funciona como uma analogia. Trata-se de uma ontologia dimensional, com duas leis (FRANKL, 1978, p. 139).

A ideia de "dimensão" deve ser entendida, realmente, em sua acepção matemática, na "concepção geométrica de dimensão, como uma analogia relativa às diferenças qualitativas que não anulam a unidade mesma de uma estrutura" (FRANKL, 2011, p. 34). Em nossa concepção, a ontologia dimensional constitui a saída encontrada por Frankl para ilustrar a organização dialética de três regiões ontológicas fundamentais: corpo, psiquismo e espírito. São estas as três categorias segundo as quais se concebera o humano na logoterapia. Uma observação a respeito dessa sistemática se faz pertinente ao momento. Corpo, psiquismo e espírito são aqui concebidos como categorias reflexivas, isto é, uma não pode ser pensada sem a outra; a constituição de uma presume, logicamente, a da outra. A metodologia

---

[12] "Certamente: não nos parece claro ainda se realmente se trata aqui apenas de um procedimento analógico, ou seja, de um procedimento em analogia com as matemáticas, ou se, pelo contrário, as dimensões matemáticas representam simples especificações de uma dimensionalidade pura e simples do mesmo ser, de maneira que, na realidade, não só podemos considerar o mundo *ordine geometrico*, como, pelo contrário, as matemáticas devem poder ser concebidas *more ontologico*" (FRANKL, 1995, p. 68).

utilizada por Frankl, em sua ontologia dimensional, é a da "suprassunção" (*Aufhebung*) dessas categorias, na acepção propriamente hegeliana do verbo *aufheben*: negar, manter e elevar semanticamente. As dimensões não são "compartimentalizadas", mas, sim, compreensivamente elevadas, em termos de complexidade, no sentido de identidade na diferença:

> Seja como for, cumpre esclarecer que, quando se fala de dimensões inferiores ou superiores, não se prejudica uma hierarquia nem se menciona ainda implicitamente um juízo de valor. No sentido da ontologia dimensional, o que se quer dizer, ao falar de uma dimensão superior é que se está lidando com uma dimensão *mais compreensiva*, que inclui e abarca uma dimensão inferior. A dimensão inferior é, portanto, 'elevada' à dimensão superior, exatamente no sentido plúrimo que Hegel confere a este termo (FRANKL, 2003a, p. 46).

A categoria de entrada – corpo – é suprassumida (*aufgehoben*) na categoria de psiquismo, que, por sua vez, é suprassumida na categoria de espírito. A tríade acaba por ser sintetizada na ideia de pessoa humana, tal como o homem é entendido na logoterapia. Antes de nos voltarmos, mais detidamente, à ontologia dimensional, com suas leis e desdobramentos, cabe recorrer a Vaz (1991; 1992), que, em sua obra em dois tomos a respeito da Antropologia Filosófica, se serviu de uma metodologia semelhante. Faremos um breve uso do esquema teórico de Vaz com fins de introdução à antropologia explícita subjacente ao pensamento de Frankl, no intuito de alcançar uma compreensão mais fidedigna dessa organização dialética.

O corpo constitui a dimensão biológica do homem e diz respeito aos fenômenos propriamente somáticos do organismo humano. Trata-se da categoria de entrada. Vaz prefere a expressão "corpo próprio" para designar a especificidade ativa e expressiva do corpo do homem, frisando uma interessante distinção a esse respeito, através da análise de dois vocábulos da língua alemã: *Körper* e *Leib* (VAZ, 1991, p. 176). *Körper* faz referência a uma totalidade física, designando, no caso do ser humano, suas dimensões material e biológica, enquanto que *Leib* é o corpo do ser do homem, numa unidade que pressupõe as outras dimensões. Tanto a ação quanto a expressão só podem ser entendidas na esfera do *Leib*. Isto é, trata-se do corpo de um sujeito, que, concomitantemente, **é** o corpo e **age** com o corpo. Perceba: não pode haver identidade total aí, como a que ocorre com um ser inanimado, como uma rocha, por exemplo. Uma rocha é seu corpo (*Körper*) e nada mais.

O ser humano, contudo, é capaz de dotar seu corpo de intencionalidade significativa, visto que seu corpo possui, de entrada, algo que não é simplesmente corporal: um significado com fins intersubjetivos. A notação *corpo próprio* justifica-se por implicar integração, posto que denota não descartar as outras categorias constitutivas, não aceitando a identidade total do homem com seu corpo, o que redundaria, fatalmente, num reducionismo fisicalista. Isto é, nega-se, dialeticamente, o corpo-objeto, que é suprassumido no conceito de corpo próprio, o qual, por sua vez, passa a ser entendido através das "expressões pelas quais o sujeito se manifesta corporalmente" (VAZ, 1991, p. 182). O homem é o corpo, na medida em que tal suporte material se revela enquanto estrutura constitutiva de sua essência (estar-aí). Mas o homem não é corpo, na medida em que a presença do homem é expressa e exteriorizada através de seu corpo, polo imediato do ser do homem no mundo (ser-aí): os limites da corporalidade são ultrapassados, tendo em vista a existência, dentro de uma unidade dialética, do psiquismo e do espírito. É nesse raciocínio que Frankl afirma que o conceito de somático tem, concomitantemente, "maior e menor âmbito do que físico", já que, se o "físico abrange o material", pode-se dizer que "o somático ultrapassa o domínio do meramente material" (FRANKL, 1978, p. 74).

A dimensão psíquica constitui a esfera das sensações, dos impulsos, do desejo. Tem-se, aí, uma consciência cognitiva, aos quais podem ser associados talentos intelectuais e padrões comportamentais adquiridos (LUKAS, 1989a, p. 28). Trata-se do domínio ao longo do qual boa parte da psicologia traçou sua história. O psiquismo constituiria o polo mediador dos dois extremos categoriais: corpo próprio e espírito. O esquema tripartite foi tomado por Frankl, preferencialmente aos dualismos "alma-corpo",[13] por conta da incompatibilidade do psiquismo com as atividades superiores do homem (liberdade e responsabilidade), que vão além de qualquer facticidade

---

13 "Nenhuma unidade psicossomática no homem, por mais íntima que seja, consegue constituir sua totalidade; a essa última pertence essencialmente o noético, o espiritual, porque o homem representa um ser, certamente não só espiritual, mas sim em sua essência e porque a dimensão espiritual é constitutiva para ele, enquanto esta representa a dimensão, certamente não a única, mas sim a específica, de sua existência, quer se considere o espiritual no homem de maneira fenomenológica, como sua personalidade, quer de maneira antropológica, como sua existencialidade" (FRANKL, 1995, p. 66).

psicológica. Na realidade, trata-se de uma estrutura que se mantém na fronteira da materialidade exterior (presença imediata ao mundo) e a interioridade absoluta (presença de si a si próprio). Frankl ilustra esse caráter limítrofe da categoria psiquismo com uma imagem aristotélica:

> A relação entre *morphe* e *hyle* é semelhante à relação entre o psíquico e o corporal, ou seja: a primeira dimensão pertence à imediatamente superior como última. Consequentemente, também é legítimo, no sentido do hilemorfismo, que a psique seja chamada de uma *forma corporis*. Só que, diante da relação análoga entre o espiritual e o psíquico dentro da 'psique' como uma *forma corporis*, teríamos de distinguir, de um lado, entre o 'psíquico espiritual' como, eu gostaria de chamar, uma *forma formans*, e do outro, o psíquico corporal como, eu gostaria de chamar, *forma formata*. De fato, o homem se conforma a si mesmo, ao mesmo tempo que o espiritual nele, ou seja, ele mesmo como pessoa espiritual, se forma e em suma se cria a si mesmo como caráter psíquico, *i.e.*, o psíquico nele: 'a pessoa é criativa', 'o caráter é algo criado' (FRANKL, 1995, p. 70).

No entendimento da logoterapia, a reboque, especialmente, dos ensinamentos de Scheler, a dimensão psíquica é compartilhada entre homens e animais.[14] O comentário de Volkmer a respeito desse tema em Scheler nos parece útil nesse momento:

> Na consideração das esferas do ser vivente em geral, a primeira dimensão de estruturação é a construção do mundo psíquico ou individual, caracterizado pelo fato de tais seres já possuírem um ser-para-si, que por sua vez se desenvolve em quatro dimensões evolutivas e subordinadas umas às outras. Estas etapas ou níveis são: 1) o impulso afetivo (ou 'sensitivo') já presente nas formas viventes vegetais; 2) o instinto animal; 3) a memória associativa presente em certos animais; 4) a inteligência prática. É característica de todos estes processos uma progressiva individuação e desprendimento em relação ao meio natural. O homem compartilha elementos de todas estas esferas. Porém, não somente o homem, mas também animais superiores (VOLKMER, 2006, p. 82).

O psiquismo confere ao humano seu primeiro degrau de interioridade, com uma presença *mediada* pela percepção e pelo desejo. Isto é, através do elemento psíquico, o mundo exterior é reconstruído numa interioridade que se dá no entrecruzamento do ser-no-mundo com o estar-no-mundo (VAZ, 1991, p. 188). O homem **é** seu psiquismo, no sentido de que tal categoria se

---

14 Das quatro esferas citadas, os vegetais participariam apenas da primeira, o impulso afetivo, sem consciência, sensação ou representação.

mostra enquanto constitutiva do próprio ser do homem no mundo e **não** é seu psiquismo, na medida em que a autoafirmação humana possui uma amplitude transcendental (que será suprassumida na categoria de espírito), a qual não se esgota na dimensão psicossomática do homem (*idem*, p. 193).

Apenas na dimensão espiritual é que se encontra o que Frankl entende por sua noção de "homem incondicionado": "a unidade corpo-psiquismo não constitui ainda, nem de longe, o homem integral. À totalidade do homem, pertence um terceiro elemento – essencialmente, o espiritual" (FRANKL, 1978, p. 74). A dimensão espiritual constitui o lugar ontológico da consciência moral (*Gewissen*), "onde" o homem aparece enquanto tal, não podendo afirmar que "possui" um espírito, assim como pode dizer que "possui" (no sentido particular que trabalhamos acima) um corpo ou um psiquismo. Trata-se, exatamente, do domínio ontológico da liberdade e da responsabilidade. Em tal dimensão, localiza-se "a tomada de posição, livre, em face das condições corporais e de existência psíquica". Compreendem-se, nela, "as decisões pessoais de vontade, intencionalidade, interesse prático e artístico, pensamento criativo, religiosidade, senso ético e compreensão do valor" (LUKAS, 1989, p. 29).

É na dimensão espiritual que Scheler chega à resposta para o cerne de seu questionamento antropológico: entre homens e animais, haveria alguma diferença essencial – supraquantitativa – que ultrapassasse qualquer continuidade de graus e viesse a marcar, de maneira específica, a "posição peculiar" do ser humano? Isso, porque, do ponto de vista evolutivo, as quatro dimensões do ser-para-si psíquico (impulso afetivo, instinto, memória associativa e inteligência prática) só se distinguiriam entre homens e animais num nível meramente operacional, isto é, em grau de fineza.[15]

> Os gregos já afirmavam um tal princípio e chamavam-no 'razão'. Nós preferimos usar uma palavra mais abrangente para aquele χ, uma palavra que certamente

---

[15] É nesse sentido que Scheler afirma: "Eu sustento que a essência do homem e isto que se pode chamar a sua 'posição peculiar' encontram-se *muito* para além do que se denomina inteligência e capacidade de escolha, e que elas tampouco seriam alcançadas se se representasse esta inteligência e capacidade de escolha de uma maneira quantitativa qualquer, sim, projetada até o infinito" (SCHELER, 2003, p. 35). Na nota de rodapé, ilustra: "Entre um chimpanzé arguto e Thomas Edison, este tomado como um técnico, não subsiste senão uma diferença *gradual* – aliás, muito grande" (*idem*).

abarca, concomitantemente, o conceito de 'razão', mas que, ao lado do 'pensamento das ideias', também abarca concomitantemente um determinado tipo de intuição, a intuição dos fenômenos originários ou dos conteúdos essenciais, e, mais além, uma determinada classe de *atos volitivos e emocionais* tais como a bondade, o amor, o remorso, a veneração, a ferida espiritual, a bem-aventurança e o desespero, a decisão livre: a palavra 'espírito' (SCHELER, 2003, p. 35).

Apresentemos, agora, as duas leis da ontologia dimensional, concepção antropológica que procurou, como já dissemos, afirmar a unidade radical do homem, sem lhe negar as diferenças ontológicas de seus constitutivos fundamentais. A primeira lei diz: "quando um mesmo fenômeno é projetado de sua dimensão particular em dimensões diferentes, mais baixas do que a sua própria, as figuras que aparecerão em cada plano serão contraditórias entre si" (FRANKL, 2011, p. 34). Cabe relembrar que a referência a "altas" ou "baixas" não se refere a julgamento de valor. Como já dissemos, na organização das categorias reflexivas, parte-se da mais simples (mais "baixas") para as mais "elevadas", num processo de "suprassunção": elevação do entendimento com conservação de sentido. Isto é, as categorias mais baixas são "suprassumidas" nas mais altas, até chegar-se à síntese das categorias, que, no caso, se referem à totalidade do ser do homem, na dialética corpo – psiquismo – espírito.

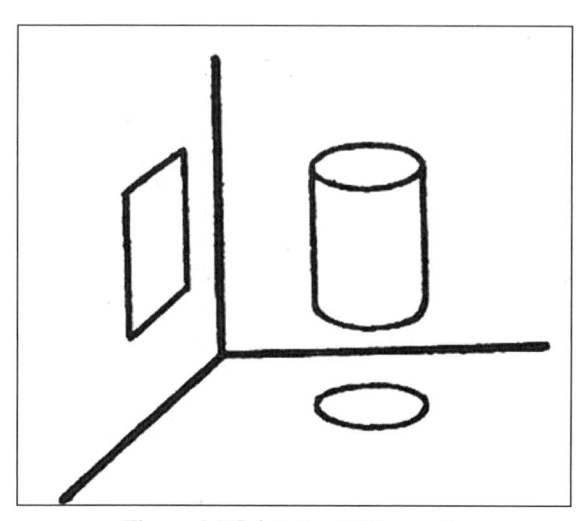

Figura 5 (FRANKL, 2003a, p. 43)

Na figura 5, percebe-se que o cilindro espacial, se projetado em um plano, resultará num retângulo. Se projetado no outro, resultará numa circunferência. Ora, tais figuras são contraditórias entre si. No entanto, do mesmo modo como não nos ocorre afirmar que um copo é composto por um círculo e por um retângulo, "assim também o homem não se compõe de corpo, alma e espírito. Trata-se, antes, no que tange ao corporal, ao psíquico e ao espiritual, de dimensões do homem" (FRANKL, 1995, p. 65-66). As projeções geram contradição. A superação desses opostos – no caso da figura, retângulo e circunferência – não pode ser buscada nos planos de projeção. É só na dimensão mais "elevada" (na acepção dialética) que se chega a essa superação; a dimensão espiritual garante a espacialidade do fenômeno, isto é, integra e eleva as contradições surgidas com as operações projetivas:

> A dimensão do homem é superior à do animal, e isso significa que ela contém a dimensão inferior. A identificação de fenômenos especificamente humanos no homem e o reconhecimento simultâneo de fenômenos sub-humanos nele não se contradizem de forma nenhuma, pois, entre o humano e o sub-humano, não existe uma relação de exclusão mas sim – se eu assim posso dizer – de inclusão (FRANKL, 1991, p. 33).

Cumpre lembrar que, no corpo de noções primitivas da geometria euclidiana, o ponto é adimensional; a reta possui apenas uma dimensão (o comprimento), ao passo que o plano possui duas dimensões (comprimento e largura). O espaço, por sua vez, representa o conjunto de todos os pontos. A noção de ponto está implicada na ideia de reta, que também está contida na noção de plano (duas retas concorrentes determinam um plano, no ponto de intersecção).[16] Sobre essa interpenetração recíproca, Elisabeth Lukas é precisa:

> Não é uma teoria de três estratos, porque as dimensões penetram perfeitamente umas nas outras, assim como as três dimensões do espaço (comprimento, largura e altura) penetram-se reciprocamente. Não se poderia, por exemplo, afirmar que

---

16 Frankl, numa passagem em que revela ser descendente do lendário rabino Maharal de Praga, afirma que esse pode bem ser o precursor da ontologia dimensional: "Pois em seu livro *The book of divine power: Introduction on the diverse aspects and levels of reality* (Rabi Yehuda Leove bem Bezalel, Cracóvia, 1582 – traduzido por Shlomo Mallin, Nova Iorque, Feldheim, 1975), ele disse, há quase 400 anos: 'Não existe uma verdadeira contradição, pois nós podemos olhar a realidade de dois diferentes pontos de vista. Um objeto pode ter duas qualidades contraditórias, relativas a dois pontos de vista diferentes; *dois níveis diferentes estão envolvidos*'" (FRANKL, 1991, p. 256, grifos nossos).

a dimensão espacial 'largura' começa onde a dimensão 'comprimento' acaba. Assim é também na ontologia dimensional: em cada parte do ser humano tocam-se uma na outra todas as três dimensões (LUKAS, 1989a, p. 28).

A aplicabilidade da ontologia dimensional abrange, diretamente, a questão da unidade do homem frente ao pluralismo das ciências. No que, especificamente, diz respeito à dispersão do pensamento psicológico, a logoterapia se autointerpreta como a mais aberta e a menos dogmática das escolas em psicologia (FRANKL, 2011, p. 196), já que defende que "o caráter fechado do sistema de reflexos fisiológicos e de reações psicológicas não contradiz, [...] de modo algum, à luz da ontologia dimensional, a humanidade do homem" (FRANKL, 1978, p. 141). Frankl (1991, p. 73) a defende como uma "psicoterapia complementar", tendo em vista que, a partir de sua concepção antropológica, não se nega a validade[17] das contribuições de outras teorias:

> Agora, está claro para nós que as noções adquiridas na dimensão mais próxima são válidas pelo menos para essa mesma dimensão. O que estamos dizendo se aplica às concepções de investigação tão unilaterais quanto a reflexologia de Pavlov, o behaviorismo de Watson, a psicanálise de Freud e a psicologia individual de Adler (FRANKL, 1978, p. 141).

As ciências – incluídas aqui as psicologias – somente enxergam o organismo psicofísico, não a pessoa espiritual. Daí decorre que tampouco sejam capazes de vislumbrar – através de seu recorte projetivo – a liberdade espiritual própria do homem, que subsiste apesar da dependência psicofísica. Isto é, a autocausalidade implicada no ato de decisão livre não se submete aos sistemas de determinação das diversas ciências. Frankl retoma aí a noção de "autonomia apesar da dependência", formulada por Hartmann,

---

17 Tal posicionamento deve ser compreendido exclusivamente à luz da ontologia dimensional, sob a ótica da identidade na diferença; não se trata de um ecletismo sem rigor, nem de uma afirmação acrítica ou desintegrada das outras escolas. Isto é, o ecletismo não deve degenerar em sincretismo (FRANKL, 1978, p. 201). O não dogmatismo terapêutico de Frankl vê-se especialmente consolidado nas suas duas principais obras sobre o tema da prática do psicoterapeuta: *A psicoterapia na prática* (1991) e *Teoria e terapia das neuroses* (2016). O que se quer indicar é que a dispersão do pensamento psicológico se torna inteligível a partir da concepção antropológica da logoterapia: "Tais escolas não são invalidadas pela logoterapia – pelo contrário – são reenvolvidas por ela, na medida em que são revistas sob a ótica de uma dimensão superior ou, como o pôs o psicoterapeuta norueguês Bjarne Kvilhaug, com especial referência às teorias de aprendizagem e à terapia comportamental, as descobertas de tais escolas acabam por ser reinterpretadas, reavaliadas e, consequentemente, re-humanizadas pela logoterapia" (FRANKL, 2011, p. 38).

afirmando que "a ciência, inclusive a psicologia científica, vê só o momento da dependência: em vez da autonomia da existência espiritual, ela vê o automatismo de um aparelho psíquico" (FRANKL, 1995, p. 89).

Logo, o primeiro ensinamento dessa ontologia dimensional é o de que, no que concerne o homem, tudo o que o método das ciências tradicionais poderá oferecer são projeções.[18] Apesar de o pluralismo da ciência oferecer descrições, muitas vezes, díspares da realidade, Frankl, com sua ontologia dimensional, afirma "que as *contradições* não *contradizem* a unidade do real. Isto é verdade também para a realidade humana" (FRANKL, 2005, p. 40). Nessa analogia, o *homo humanus*, como ser espiritual, não se deixa projetar ou refletir. No entanto, esses recortes do humano não deixam de constituir o humano: trata-se de uma identidade na diferença; "o *homo humanus* está em sua pátria nesta tri-unidade, aí sua *humanitas* está em sua terra natal" (FRANKL, 1995, p. 72). Os reducionismos funcionariam segundo operações – na acepção geométrica – de projeção, isto é, de absolutização de uma dimensão em detrimento de outra. Isto é, a totalidade está no caráter espacial, enquanto que os recortes projetivos – necessários à metodologia científica – têm que ser reconhecidos como recortes, nunca como a totalidade.

Frankl tem consciência das necessidades metodológicas da pesquisa, afirmando que o cientista não só tem o direito, mas o dever de pôr de lado o caráter multidimensional da realidade, selecionando dessa realidade um espectro – uma determinada "frequência" – a partir da qual adotará "a ficção de que lida com uma realidade unidimensional" (FRANKL, 1978, p. 141). Isto é, nenhuma ciência ôntica, enquanto tal, em contraste a qualquer saber ontológico, pode abster-se de efetuar projeções[19] (*idem*). No entanto,

---

18 Frankl, como grande apreciador do humor judaico, costumava valer-se de anedotas para ilustrar seu pensamento. Uma delas, referente ao tema ora em questão, diz respeito a um rabino, que fora procurado por dois homens, um dos quais afirmara que o gato do outro comera cinco libras de sua manteiga. Diante da negação do dono do gato, o rabino resolve pesar o bichano: a balança indica cinco libras, o que motiva o religioso a afirmar: "Certo, agora, achei a manteiga. Mas onde estará o gato?". Dessa forma: "Antes de responder à interrogação feita por Kant – e também indagada pelo salmista – 'o que é o homem?', devemos voltar-nos à questão: 'onde está o homem?'. Em que dimensão a humanidade de um ser humano pode ser encontrada?" (FRANKL, 2011, p. 36).

19 Cabe sempre lembrar que biologia, psicologia e sociologia só se degeneram em "ismos" quando se absolutizam a si mesmas: "O psicologismo e o sociologismo, a exemplo de todo niilismo, tencionam sempre, em última análise, alcançar um objetivo: jogar contra a metafísica ontológica a ciência ôntica. Para isso, lançam mão das ciências naturais, exatas, empíricas, 'puras'. Mas esquecem

essa mesma metodologia deve ter consciência das fontes de erro, isto é, consciência de que, no caso do humano, a unidade ontológica é radical:

> A pessoa é um indivíduo: a pessoa é algo indivisível, não pode ser subdivida, nem cindida, precisamente porque é uma unidade. Mas a pessoa não é somente *in-dividuum*, é também *in-summabile*; isso significa que ela não é só indivisível, como também não pode se fundir, visto que não é só unidade, mas também totalidade (FRANKL, 1995, p. 66).

A segunda lei da ontologia dimensional é definida por Frankl da seguinte maneira: "quando diferentes fenômenos são projetados de suas dimensões particulares em uma dimensão diferente, mais baixa do que a sua própria, as figuras que aparecerão em cada plano serão ambíguas" (FRANKL, 2011, p. 35). Na figura 6, temos a representação de um cilindro, de um cone e de uma esfera, os quais, se projetados numa mesma dimensão, acabam por constituir, no plano de projeção, uma circunferência, mesmo vindo de objetos espaciais completamente diferentes. A partir da mera projeção, não poderemos, do mesmo modo, saber o que há por sobre o círculo.

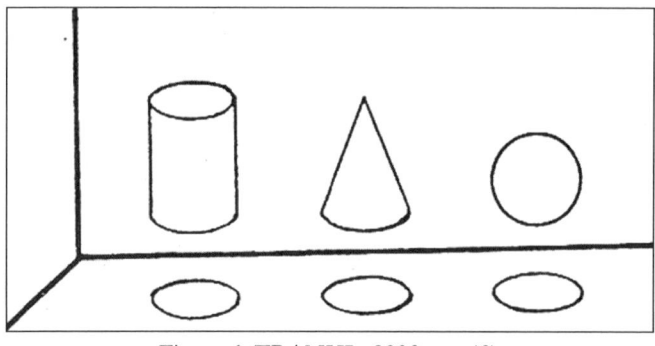

Figura 6 (FRANKL, 2003a, p. 43)

Frankl nos convida a um experimento mental para ilustrar a segunda lei. Suponhamos que uma das figuras tridimensionais acima seja um esqui-

---

que toda ciência (inclusive as ciências naturais) é, por sua vez, de algum modo, metafísica, o que implica a adoção de hipóteses metafísicas. Mas, porque essa metafísica é 'implícita', como já observamos antes, ela frequentemente é falsa. Não esqueçamos: *as deduções metafísicas de uma ciência ôntica são possíveis; as pressuposições metafísicas, no entanto, são necessárias*" (FRANKL, 1978, p. 221, grifos nossos).

zofrênico que sofra de alucinações visuais e que uma outra dessas figuras seja Joana D'Arc (FRANKL, 2011, p. 41). No plano de projeção da ciência psiquiátrica, não resta dúvida de que a heroína francesa seria diagnosticada como esquizofrênica. O que ela vem a ser, para além de uma psicopatologia, isto é, sua relevância histórica e teológica, desaparece na projeção. Ser portadora de um transtorno mental – defende Frankl – não denega, não prejudica sua importância em outras dimensões.[20] E vice-versa: o fato de ela ser uma santa em nada modifica, para Frankl, a existência de sua patologia. Ora, as duas pessoas em questão – Joana D'Arc e o esquizofrênico –, no plano da psiquiatria, apareceriam sob a mesma forma ambígua de uma circunferência, "como as sombras que não sou capaz de identificar ou não posso determinar se pertencem ao cilindro, ao cone ou à esfera" (FRANKL, 1978, p. 142).

> O psiquiatra deve abster-se à parcela de legitimidade que cabe ao ponto de vista de sua ciência, ao invés de tomar uma determinada sintomatologia e, a partir dela, concluir se se trata de 'nada mais que' ou 'mais que' um fenômeno psiquiátrico. Confinar-se à dimensão psiquiátrica, no entanto, implica abrir mão da totalidade de um fenômeno, que passa a ser projetado em um plano de analise, no caso, o da psiquiatria. Isso é perfeitamente legítimo, desde que o psiquiatra esteja ciente da limitação de sua prática (FRANKL, 2011, p. 42).

O mesmo princípio da segunda lei serve como fundamento de crítica da logoterapia à "patologização" generalizada do sentimento de vácuo existencial. Para Frankl, a pergunta pelo sentido da vida constitui o mais alto nível de sinceridade intelectual a que nossa condição humana pode chegar. Ressalta, inclusive, o caso de um paciente cuja queixa era "questionar-se sobre o sentido da vida". Após o acompanhamento clínico, chegou-se à conclusão de que o mesmo sofria de uma depressão endógena, isto é, de um transtorno de etiologia somática. O que chamou a atenção de Frankl foi que os questionamentos existenciais do paciente só apareciam nos intervalos das crises depressivas, quando ele estava bem. A angústia sobre o sentido de sua vida só o assaltava nos momentos em que a doença lhe dava trégua. No

---

20 "Sobre valor ou desvalor, sobre verdadeiro ou falso, não cabe ao psiquiatra decidir. Se a cosmovisão de um Nietzsche é verdadeira ou falsa, nada tem isso a ver com sua paralisia; se os poemas de um Hölderlin são bonitos ou não, nada tem a ver com a esquizofrenia. Certa vez, enunciei isto dizendo '2 X 2 = 4, também quando dito por um esquizofrênico" (FRANKL, 1990, p. 131).

parecer de Frankl, trata-se de um eloquente caso em que desespero existencial e transtorno mental se mostraram mutuamente exclusivos.[21]

> Na verdade, a interpretação equivocada do vácuo existencial como um fenômeno patológico é o resultado de sua projeção da dimensão noológica espacial para o plano psicológico. De acordo com a segunda lei de nossa antropologia dimensional, tal procedimento pode gerar uma ambiguidade no diagnóstico. A diferença entre desespero existencial e doença emocional desaparece: assim sendo, não se pode distinguir mais entre aflição espiritual e doença psíquica (*idem*, p. 111).

Frankl critica, veementemente, as desastrosas formas de abordagem psicologista por sobre a angústia existencial dos pacientes, quando, por exemplo, se desconsideram as preocupações dos mesmos com relação a um sentido último para a vida em face da morte, através de uma interpretação cômoda do fenômeno como uma "angústia de castração" (*idem*), ou através de uma indicação terapêutica comportamentalista que, em casos de tragédia humana – como luto ou morte iminente – prescreve que o paciente se ocupe de telefonemas, de cuidado com a grama, ou com lavagem de pratos (FRANKL, 1991, p. 30). De uma forma ou de outra, o psicologismo unilateral sempre agirá no sentido de fornecer uma "consolação barata" ao paciente, para que ele tenda a "esquecer-se do caráter trágico da existência" (FRANKL, 2003a, p. 28). A logoterapia compreende, então, que angústia existencial só se torna autenticamente compreensível do ponto de vista espiritual; ocorre, no entanto, que, sob o prisma do psicologismo, a interpretação etiológica sempre irá no sentido de uma neurose ou categoria afim.[22]

A logoterapia toma, a partir da noção da segunda lei, a ideia de diagnóstico multidimensional, na medida em que, por exemplo, se podem

---

21 "Não se deve sentir vergonha do desespero existencial, por achar-se que se trata de uma doença emocional; como vimos, não se trata de um sintoma neurótico, mas, isto sim, de um fenômeno tipicamente humano. Acima de tudo, trata-se de uma manifestação de sinceridade intelectual" (FRANKL, 2011, p. 111).

22 "Seja como for, a psicoterapia psicologista haverá de fracassar sempre diante da problemática espiritual, que só é abordável por uma terapia não-psicologista – uma terapia acima de conceitos como complexo de Édipo ou sentimento de inferioridade; que recusará considerar uma dificuldade de ordem espiritual como algo de enfermiço, pois não extrairá dessa dificuldade um complexo nem a reduzirá a ele. Igualmente se negará a alimentar um paciente imerso numa problemática espiritual com receitas – dizemos literalmente 'alimentá-lo', enchendo-o de medicamentos" (FRANKL, 1978, p. 195).

substituir os três círculos pela sintomatologia das neuroses, já que, na teoria frankliana, tais perturbações, também, podem ser ambíguas. Uma neurose pode ser psicogênica (etiologia psíquica), isto é, uma neurose no sentido convencional do termo, além de somatogênica (etiologia orgânica) (FRANKL, 2011, p. 39). A essas duas categorias de neurose, Frankl adiciona a classe das neuroses noogênicas:

> Porém, apesar de não constituir efeito de uma neurose, o vácuo existencial pode muito bem tornar-se sua causa. Nesse caso, teremos que falar, portanto, de uma neurose noogênica, distinta, portanto, das psicogênicas e somatogênicas. Teremos logo que definir a neurose noogênica como aquela que é causada por um conflito em nível espiritual – um conflito ético ou moral, como, por exemplo, o choque entre o mero superego e a autêntica consciência (esta, se necessário for, pode contradizer e opor-se àquele). Por último, mas não menos importante, a etiologia noogênica é formada pelo vácuo existencial, pela frustração existencial ou pela frustração da vontade de sentido (*idem*, p. 112).

Isto é, na medida em que a etiologia das neuroses for multidimensional, a sintomatologia também se tornará ambígua.[23] Desta forma, do mesmo modo como não se pode inferir, na mera apreciação do plano em que as sombras circulares se projetam, se, por cima delas, se encontra um cilindro, um cone ou uma esfera, "não poderemos concluir, tampouco, se, por trás de uma neurose, há um hipertireoidismo, uma angústia de castração ou um vácuo existencial". Isto é, não se poderá fazer nada disso, "na medida em que nos confinarmos à dimensão psicológica" (*idem*, p. 39-40). A esse respeito, Frankl conclui:

> Agora, como poderemos aplicar tais imagens a uma antropologia e a uma ontologia? Uma vez que projetemos o homem em suas dimensões biológica e psicológica, também obteremos resultados contraditórios, porque, no primeiro caso, o organismo biológico é o resultado; no outro, é um mecanismo psicológico. Contudo, apesar de os aspectos somáticos e psíquicos chegarem à contradição entre si, quando à luz da antropologia dimensional, tais disparidades não mais contradizem a singularidade do homem. Ou será que a disparidade entre um círculo e um retângulo contradiz o fato de que ambos resultam da projeção de um mesmo cilindro? (*idem*, p. 36).

---

23 "Por que admirar-se que alguém às voltas com uma dificuldade espiritual, e não um distúrbio mental, tenha insônia, sudorese, tremores, assim como o neurótico? Apesar da etiologia diferente do sofrimento de ambos, a sintomatologia pode ser idêntica; não devemos, contudo, permitir que a igualdade da sintomatologia nos induza ao erro no diagnóstico diferencial, na distinção entre o espiritual e o humano de um lado e o psíquico e enfermo, de outro" (FRANKL, 1978, p. 192).

A existência humana e pessoal não se subsume à bidimensionalidade psicofísica. Nos planos de ser do homem, constata-se, através da ontologia dimensional, a existência de dois fenômenos básicos que se exigem reciprocamente: o do paralelismo psicofísico e o do antagonismo noopsíquico. O primeiro diz respeito à relação íntima de funcionamento, à harmonia operacional que existe na continuidade entre a dimensão corpórea e a psíquica. Contudo, mesmo diante do claríssimo paralelismo psicofísico, Frankl ressalva que "o psíquico não pode ser reduzido, por princípio, ao corporal, nem derivar dele; ambos são antes incomensuráveis" (FRANKL, 1995, p. 70). Isto é, tais dimensões são irredutíveis uma a outra e, da mesma forma, indedutíveis entre si. Nos esquemas gráficos[24] acima, essa incomensurabilidade ontológica resta, em nosso entendimento, bem representada:

> Se cortarmos duas secções ortogonais de um cilindro, a secção horizontal representará o cilindro como um círculo, enquanto a secção vertical o representará como um quadrado. No entanto, como sabemos, até agora, ninguém conseguiu transformar um círculo em um quadrado. Do mesmo modo, até agora, ninguém conseguiu lançar uma ponte entre os aspectos físicos e os psicológicos da realidade humana. E mais, podemos ajuntar, ninguém tem probabilidade de consegui-lo, e isto porque a *coincidentia oppositorium*, como a chamou Nicolau de Cusa, não é possível no âmbito de uma secção qualquer, mas só além de todas as secções, na dimensão mais alta imediatamente sucessiva. A mesma coisa vale também para o homem (FRANKL, 2005, p. 40).

Frankl também critica a postura de identificação entre corpo e psiquismo, aludindo ao perigo de uma "observação supersticiosa do cérebro", expressão cunhada pelo filósofo Ludwig Klages, o qual defendia que o objetivo das investigações cerebrais não poderia ser a busca de uma "sede da

---

[24] Do nosso ponto de vista, o grande *insight* de Frankl, ao propor um modelo dimensional, reside no fato de que tal organização se serve da matemática para propor uma forma de organização dialética. Isto é, um assentamento das categorias corpo-psiquismo-espírito em camadas ou círculos concêntricos não traduz qualquer relação de necessidade entre tais regiões ontológicas, que poderiam ser separadas e individualizadas sem qualquer prejuízo lógico. Contudo, uma figura espacial integra e eleva (suprassume) as duas dimensões do plano (comprimento e largura) através de uma terceira dimensão (altura). A noção de reta é suprassumida na noção de plano, que, por sua vez, é suprassumida na noção de espaço. Da mesma forma, na analogia frankliana: se falo de psiquismo, estou falando de corpo; e se menciono espírito, estou necessariamente pressupondo corpo e psiquismo. Desta forma, pode-se compreender como a dimensão espiritual se mostra enquanto último momento do processo de suprassunção, integrando as outras duas categorias constitutivas sem negá-las por completo.

alma", mas apenas um esclarecimento a respeito "das condições cerebrais de realização dos fenômenos psíquicos e das disposições" (KLAGES *apud* FRANKL, 1978, p. 106). Atos psíquicos nunca seriam "localizáveis". Essa irresponsável pergunta "topográfica" já seria formulada, erroneamente, *a priori*. Na melhor das hipóteses, o que se pode identificar são as condições neurofisiológicas de certos acontecimentos psíquicos. Paralelismo, aqui, não implica uma causalidade direta. As funções psicológicas são condicionadas, mas não "causadas" pela dimensão biológica. Poder-se-ia falar em causalidade apenas no que diz respeito à perturbação das funções. Não se pode confundir – adverte Frankl – "condicionalismo" com "constitucionalismo".[25]

No entanto, na dimensão mais alta, percebe-se, exatamente, uma descontinuidade; não encontraremos mais, aí, um paralelismo – como no plano psicofísico –, mas, sim, uma oposição em potencial. Aquilo que Frankl chamou de poder desafiador do espírito (*Trotzmacht des Geistes*), ou força de obstinação do espírito, cria um distanciamento para com o fato psicofísico paralelo,[26] chegando-se, aí, ao ponto em que o homem decide sobre si mesmo e dispõe por sobre aquilo que o destino impôs. Na medida em que o paralelismo psicofísico é inevitável – lugar do determinismo e da necessidade –, o antagonismo noopsíquico – lugar da liberdade – é facultativo: ele sempre se mostra como possibilidade. No entanto, trata-se de uma potencialidade para a qual a terapêutica sempre poderá apelar: "Trata-se de apelar para a 'força desafiadora do espírito', como eu a chamei, contra a aparentemente poderosa condição psicofísica" (FRANKL *apud* LUKAS, 1989a, p. 33). A figura 7 ilustra esse argumento:

---

25 "No nosso entender, o somático não produz e não dá origem a nada – não realiza, apenas condiciona. Na medida em que, por motivos práticos, nos aproximamos da teoria da interação psicofísica, não aderimos inteiramente a ela, justamente porque não é lícito falar de um efeito real do físico sobre o psíquico" (FRANKL, 1978, p. 106).

26 "*Ceteris paribus*, que um homem se distancie de sua depressão endógena, enquanto outro se deixa sucumbir a ela, não depende da depressão endógena, mas sim da pessoa espiritual. Ou seja, essa realidade espiritual – noutras palavras, a pessoa – realiza esse apogeu existencial descrito para além de si mesma, em virtude daquilo que na análise existencial nós chamamos de 'força de obstinação do espírito'. Vemos, assim, que ao paralelismo psicofísico se opõe um antagonismo psiconoético" (FRANKL, 1995, p. 64).

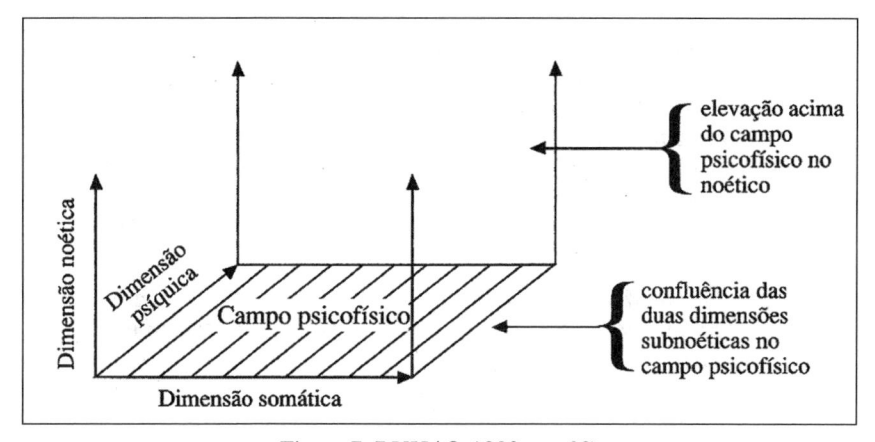

Figura 7 (LUKAS, 1989a, p. 29)

A fronteira entre o psicofísico (facticidade: fatos psíquicos, fatos orgânicos) e o espiritual (existência) constitui uma linha divisória que deve ser traçada com muita nitidez. O antigo problema mente-corpo[27] passa, de alguma forma, a um segundo plano, a fim de dar lugar ao problema que acaba interessando, mais especificamente, à logoterapia: o da existência espiritual face à facticidade psicofísica. A dimensão espiritual, na logoterapia, permanece íntegra, jamais se submetendo a dicotomias da ordem "doente" e "são": a pessoa espiritual não adoece,[28] permanecendo lúcida e sã – isto é, livre – para escolher o modo como vivenciará, inclusive, sua doença, seja psíquica, seja orgânica. Ainda que, por vezes, se encontre bloqueada, não disponível (como, por exemplo, no caso de psicoses graves, ou no caso de outro comprometimento psicofísico severo), a faculdade espiritual continua, potencialmente, mesmo que não possa ter expressão constante através das outras dimensões do ser. Não se trata apenas de um esclarecimento ontológico, mas também de uma questão de alta relevância clínica, tendo em vista que o papel do terapeuta acaba por ser o de mobilizar a existência espiritual,

---

[27] De fato, Frankl afirma que sua ontologia dimensional está longe de resolver o problema mente-corpo, mas defende que, através dela, pode-se bem vislumbrar por que tal questão seria insolúvel: "Inevitavelmente, a unidade do ser humano – unidade essa, apesar da multiplicidade do corpo e da mente – não pode ser achada em suas faces psicológica, nem biológica, mas deve ser procurada em sua dimensão noológica, da qual o homem foi, de início, projetado" (FRANKL, 2020, p. 36).

[28] "Da mesma forma que existe a verdade apesar da enfermidade, existe o sofrimento, apesar da saúde. O psicologismo esquece o primeiro, enquanto o patologismo desconsidera o segundo" (FRANKL, 1995, p. 122).

contrapondo a uma liberdade responsável os condicionantes da facticidade psicofísica (que o paciente tende a aceitar, fatalisticamente, como seu destino).

Chegamos, então, ao fundamento terapêutico[29] de uma psicoterapia "a partir do espiritual". Para a logoterapia, apenas o organismo psicofísico é passível de adoecimento. Mesmo no caso de uma psicose, apenas o organismo é afetado: a pessoa espiritual, enquanto tal, paira por sobre a insanidade ou a enfermidade. Para Frankl, a pessoa espiritual pode ser perturbada, mas nunca destruída por uma enfermidade psicofísica. O que uma doença pode arruinar, o que ela tem o poder de desorganizar, é apenas o organismo psicofísico: esse organismo representa, contudo, "tanto o campo de ação da pessoa, como o seu campo de expressão. A desorganização não significa nem menos nem mais do que a obstrução do acesso à pessoa" (FRANKL, 1978, p. 119). Da mesma forma, as categorias nosológicas da medicina tradicional, aqui, se mostram inúteis (*idem*, p. 118), pois o par de opostos, ao pensarmos noologicamente, não é mais "enfermo-sadio", mas sim "falso-verdadeiro" (*idem*, p. 193), isto é, trata-se de avaliar a autenticidade da própria existência.

Só a crença nessa pessoa espiritual pode vir a explicar, para a logoterapia, como, por exemplo, alguém vem a cometer suicídio por conta de uma doença qualquer, enquanto que outro indivíduo com a mesma doença consiga vir a "expulsar tais pensamentos" que o assaltam (*idem*, p. 170). Nesses exemplos, não foi a doença em si a "causadora" do suicídio, mas, sim, a atitude decisiva daquela instância que se subtrai às condições de morbidade. Isso tudo se refere ao que Frankl formulou como seu "credo psiquiátrico", isto é, a crença fundamental que subjaz ao ofício de psiquiatra:

> A pessoa espiritual situa-se, essencialmente, além de toda morbidez e mortalidade psicofísicas; se assim não fosse, eu não desejaria ser psiquiatra: não teria sentido. E a pessoal espiritual é, essencialmente, aquela que pode opor-se a toda

---

29 "Pois aquele alheamento interno do homem, aquela distância do espiritual perante o elemento psicofísico, essa distância se nos apresenta como extraordinariamente frutífera em um aspecto terapêutico. Toda psicoterapia precisa se iniciar, em última instância, no antagonismo noopsíquico" (FRANKL, 2014, p. 98). Isto é, a logoterapia se dirige sempre ao poder de obstinação espiritual presente nesse antagonismo: "A logoterapia conta com a pessoa espiritual, com o poder do espírito de se colocar contra o psicofísico, com esse 'poder de oposição' do espírito; recorre a esse poder, apela para esse poder" (FRANKL, 1978, p. 166). É sob esse raciocínio que Frankl afirma que a logoterapia é uma "terapia na sanidade" (FRANKL, 1995, p. 101).

morbidez psicofísica, e se assim não fosse, eu não poderia ser psiquiatra, por conseguinte, não teria utilidade (FRANKL, 1978, p. 172).
[...] Este deveria ser o nosso credo psiquiátrico: crença absoluta no espírito pessoal, crença 'cega' na pessoa espiritual, 'invisível', mas indestrutível. E se eu não tivesse essa crença, senhoras e senhores, então preferiria não ser médico (*idem*, p. 120).

Encerramos aqui o primeiro momento de nossa exposição a respeito da teoria antropológica subjacente à logoterapia. Nosso intuito, agora, é o de explicitar o aspecto motivacional fundamental que se liga a essa visão de homem: a "vontade de sentido". Seguindo a lógica do sistema de Frankl, tal aspecto só poderia ser mais bem compreendido em face do subitem que ora findamos. No capítulo anterior, procuramos desenvolver a noção básica que fundamenta o engendramento do sentido "no mundo", isto é, estudamos o lado objetivo do sentido. Procuraremos explicitar, agora, qual é a importância do sentido "no homem", ou seja, o caráter subjetivo da vivência do sentido.

2.2 A vontade de sentido

Não é verdade que o homem, propriamente e originalmente, aspira a ser feliz? Não foi o próprio Kant quem reconheceu tal fato, apenas acrescentando que o homem deve desejar ser digno da felicidade? Diria eu que o homem realmente quer, em derradeira instância, não a felicidade em si mesma, mas, antes, um motivo para ser feliz (FRANKL, 1990, p. 11).

Qual seria a diferença fundamental entre querer a felicidade como objetivo último e buscar ser "digno" dela? Partiremos desse questionamento básico, presente na epígrafe, para esclarecer aquilo que, para nós, constitui o traço antropológico mais importante na teoria de Frankl, para os propósitos do presente trabalho. A formulação a respeito da "vontade de sentido" (*Der Wille zum Sinn*) deve ser entendida historicamente, no sistemático descontentamento de Frankl com seus primeiros mentores. Tanto em Sigmund Freud, quanto em Alfred Adler, a pergunta radical sobre uma orientação última, ou uma motivação primeira para a vida humana parecia insuficiente. Em ambas as escolas, permanecia um conteúdo central inaceitável para a visão de homem da logoterapia: um psicologismo desonerador da díade ontológica liberdade-responsabilidade e uma visão antropológica estritamente solipsista (ou "monadológica") no âmbito motivacional.

Para Frankl, a máxima terapêutica final da psicanálise consiste em estabelecer um compromisso entre as pretensões do inconsciente, de um lado, e as exigências da realidade, do outro. Dito de outra forma, em última instância, tratar-se-ia de um processo de "adaptação da instintividade à realidade" (FRANKL, 1995, p. 17). A psicologia individual, por seu turno, buscaria a consecução, por parte do ego, de uma "conformação corajosa da realidade, para além de qualquer adaptação do indivíduo" (*idem*). Logo, Frankl se questiona: para além da adaptação e da conformação, haveria uma categoria última a ser incluída no contexto terapêutico a fim de se fazer jus à concepção de ser humano como pessoa espiritual? A conclusão a que chega em sua resposta é: tal categoria existe e se chama "sentido". Para Frankl, a realização de sentido, para além da adaptação e da conformação, diz respeito àquela cota de possibilidades personalíssimas de valor que cada pessoa deve realizar na unicidade de sua existência e de seu destino. Adaptação e conformação seriam, na metáfora física proposta por Frankl (*idem*, p. 18), algo como grandezas escalares, enquanto que a descoberta de sentido diria respeito a uma grandeza vetorial. Ora, grandeza escalar é aquela que se define perfeitamente apenas com a indicação de módulo e de medida, enquanto que a grandeza vetorial, além de módulo e de medida, necessita de direção e sentido para ser determinada. Desvela-se, aí, a orientação ao mundo do dever-ser, para além dos motivos axiologicamente "indiferentes" de um funcionamento psíquico tido como fechado em si mesmo.

Em outras palavras, Frankl considera que tanto o princípio do prazer freudiano quanto o *Geltungsstreben*[30] adleriano falham, justamente, quando oferecem um ponto de vista análogo ao do funcionamento homeostático da redução de tensões em favor da restauração de um equilíbrio interno: "a conservação do equilíbrio interno é, assim, a força motivadora primitiva a partir da qual a vida se realiza" (LUKAS, 1989a, p. 53). Ignora-se, aí, o fato antropológico fundamental da autotranscendência[31] da existência humana, cuja manifestação principal é, exatamente, a vontade de sentido:

---

30 *Geltungsstreben* ou, em língua inglesa, *status drive*, pode ser traduzido como "impulso para fazer-se valer", no sentido de um desejo de superioridade (FRANKL, 2003a, p. 100), e constitui, no corpo teórico da psicologia individual, a orientação primária dos esforços humanos.

31 "A logoterapia considera como o *humanissimum*, se posso assim falar, a autotranscendência radical e, sobretudo, seu aspecto teórico-motivacional, ou seja, a orientação fundamental do homem para o sentido" (FRANKL, 1995, p. 249).

> A autotranscendência assinala o fato antropológico fundamental de que a existência do homem sempre se refere a alguma coisa que não ela mesma – a algo ou a alguém, isto é, a um objetivo a ser alcançado ou à existência de outra pessoa que ele encontre. Na verdade, o homem só se torna homem e só é completamente ele mesmo quando fica absorvido pela dedicação a uma tarefa, quando se esquece de si mesmo no serviço a uma causa, ou no amor a uma outra pessoa. É como o olho, que só pode cumprir sua função de ver o mundo, enquanto ele não vê a si próprio (FRANKL, 1991, p. 18).

Frankl reconheceu nas variadas psicologias, especialmente na psicanálise freudiana e na psicologia individual de Adler, o mesmo vício: a preocupação com um equilíbrio interno, numa perene busca pela cessação de tensão, sendo esse o objetivo maior da gratificação dos instintos e da satisfação das necessidades, constituindo-se, assim, o fim de toda atividade que envolva a vida. No caso mesmo da psicanálise, o próprio princípio da realidade estaria, apenas, a serviço do princípio do prazer, modulando-o na vida social, mas, sempre, com o interesse de garanti-lo (FRANKL, 2011, p. 46). Tem-se sempre em conta, aí, o homem como um sistema fechado, como um ser que se encontra, a todo momento, basicamente, preocupado com a manutenção de um equilíbrio interno, buscando sempre satisfazer uma fundamental necessidade de redução de tensões. Frankl dá a Kurt Goldstein o crédito pela demonstração de que, no campo da saúde mental, a busca exacerbada pela redução de tensões constitui, antes, um signo patológico patente (FRANKL, 2003a, p. 98). O autor compartilha do pensamento de Charlotte Bühler sobre o tema: "a teoria psicanalítica, apesar de todas as tentativas de renovação, pode jamais vir a escapar de sua hipótese básica, que afirma que o objetivo primário de toda atividade humana se funda numa satisfação homeostática" (BÜHLER *apud* FRANKL, 2011, p. 47). A crítica antropológica que Frankl faz a respeito das psicologias torna-se inteligível, na medida em que se tem em mente sua ontologia dimensional. As projeções psicológicas do homem sempre redundariam na ideia do humano como um "sistema fechado".[32] O fenômeno da autotranscendência, portanto, sempre passaria ao largo de tais teorias:

---

32 "Na esfera espiritual, o homem é aberto para o mundo e orientado para a sua plenitude de valor; se, entretanto, for projetado erradamente ao plano psicológico, ele reproduz para si apenas um sistema fechado de reações psicológicas, como Frankl demonstrou por meio de sua ontologia dimensional: e então a autotranscendência do homem não é mais visível ao observador" (LUKAS, 1989a, p. 58).

> Frequentemente, as ciências humanas sequer chegam ao verdadeiramente humano. Elas não são humanistas, mas homunculistas. Elas tratam de um artefato, de um produto artificial. O que está na sua base não é um quadro de pessoas reais, não uma antropologia, mas uma monadologia, a saber o quadro do homem como um sistema fechado. O homem aí é colocado como um ser que ou apenas reage a estímulos (modelo comportamental), ou ab-reage a instintos (modelo psicodinâmico). Então o homem aí está como um ser que há muito não se preocupa com uma coisa ou com um parceiro, mas coisas e parceiros há muito tempo não passam de meios para fins, têm valor como objetos de ab-reação e desta forma e modo são apenas liberadores de tensão. O que aí passa despercebido é a 'autotranscendência' da existência humana. O homem não é apenas um ser que reage e ab-reage, mas também que se autotranscende (FRANKL, 1981, p. 29).

Para Frankl, o prazer em si não é nada capaz de, por si só, dar sentido à existência, na mesma medida em que a falta de prazer também não está em condições de retirar o sentido da vida (FRANKL, 1981, p. 68). Isto é, põe-se, aí, uma questão ética: se o horizonte de nossas ações humanas se constitui como apenas um meio cuja finalidade maior é a gratificação individual, o lugar da alteridade será subsumido num plano direto de validade condicionada: ou a um efeito interno ou a uma reciprocidade necessária. O autor, nesse contexto, nos fala que, se equipararmos o sentido da vida ao prazer psicanalítico, o que nos resta é um "niilismo ético" (FRANKL, 2003a, p. 67). Nesse raciocínio, Frankl retoma e desenvolve a tese de Scheler sobre o eudaimonismo, no sentido de que não é que o prazer ou a felicidade sirvam de barreira à ação moral, mas que, exatamente a reboque da ação moral, o prazer ou a felicidade podem vir a realizar-se:

> Em geral, o que o homem quer não é o prazer; quer o que quer, sem mais. Os objetos do querer humano são entre si diversos, ao passo que o prazer sempre será o mesmo, tanto no caso de um comportamento valioso, como no caso de um comportamento contrário aos valores. Daí que [...] o reconhecimento do princípio do prazer conduza inevitavelmente ao nivelamento de todas as possíveis finalidades humanas. Com efeito, sob esse aspecto, seria completamente indiferente que o homem fizesse uma coisa ou outra. [...] Se, realmente, víssemos no prazer todo o sentido da vida, em última análise, a vida pareceria sem sentido. Se o prazer fosse o sentido da vida, a vida, propriamente, não teria sentido algum (*idem*, p. 68).

É contra essa psicologia homeostática que Frankl se insurge, afirmando que, primariamente, o homem busca o sentido e que este não tem relação alguma de necessidade *a priori* com uma preocupação solipsista de diminuição de tensão, ou de autogratificação. Como vimos, o sentido apresenta um caráter objetivo de exigência e está no mundo, não no sujeito que o experiencia.[33] Se o homem é concebido como um sistema fechado, o mundo, por sua vez, passa a ser desconstruído sob uma ótica de "desrealização" e de "desvalorização" (conforme vimos no capítulo anterior), perdendo, completamente, seu relevo axiológico[34] de exigências concretas. Um dos princípios fundamentais da logoterapia se funda na compreensão de que a necessidade última do ser humano não consiste em obter prazer ou evitar a dor, mas, sim, em ver um sentido para a própria vida: "Esta é a razão por que o ser humano está pronto até a sofrer, sob a condição, é claro, de que seu sofrimento tenha um sentido" (FRANKL, 1985a, p. 101).

Sob esse mesmo prisma, Frankl critica, também, a tese geral da "hierarquia das necessidades" de Abraham Maslow (1908-1970). Maslow, um dos grandes nomes da chamada Psicologia Humanista norte-americana, tornou-se famoso por seu estudo a respeito do comportamento motivacional, em que concebeu uma escala – frequentemente representada sob a forma de uma pirâmide – de hierarquia das necessidades humanas. Da base para o topo da pirâmide, as necessidades se organizariam desta maneira: 1) necessidades fisiológicas (sono, alimentação etc.), 2) necessidades de segurança, 3) necessidades de afeto, 4) necessidades de *status* e estima social e 5) necessidades de autorrealização. Cabe citar que, à medida que as necessidades de baixo forem satisfeitas, as de cima clamam por realização. Uma necessidade superior não pode ser realizada se uma inferior já não se encontra satisfeita. Frankl, contudo, sustenta que o preenchimento vertical dessas necessidades não é de muita ajuda, quando o assunto é a realização de sentido: o que realmente importa não é qualificar as necessidades em maiores ou menores, e, sim,

---

33 "Ao declarar que o ser humano é uma criatura responsável e precisa realizar o sentido potencial de sua vida, quero salientar que o verdadeiro sentido da vida *deve ser descoberto no mundo*, e não dentro da pessoa humana ou *de sua psique*, como se fosse *um sistema fechado*. Chamei esta característica constitutiva de 'autotranscendência da existência humana'" (FRANKL, 1985a, p. 99, grifos nossos).

34 Frankl, em consonância com o pensamento de Scheler, enfatiza sempre o caráter não intencional do prazer, o qual, observado do ponto de vista de um sistema fechado, nos aparece como fim, não como efeito: "Na visão psicologista, tudo adquire um caráter não só ambíguo, como uniforme. Uma vez que se sacrifica o objeto transcendente do ato intencional (o objeto espiritual), o que permanece, por exemplo, de um valor objetivo, nada mais é que o prazer subjetivo (note-se bem, um prazer uniforme)" (FRANKL, 1978, p. 205).

identificar qual delas tem sentido,[35] um valor por trás de sua realização; na logoterapia, a distinção de Maslow[36] entre necessidades mais elevadas e mais baixas "não explica o fato de que, quando as mais baixas não são satisfeitas, uma necessidade mais elevada, o desejo de sentido, pode transformar-se na mais urgente de todas" (FRANKL, 2005, p. 27).

É, nesse contexto, que retomamos a epígrafe deste subcapítulo. A distinção kantiana entre a "felicidade" e o "ser digno" desta felicidade ilustra, exatamente, o argumento contra essa modalidade de individualismo[37] identificada nos mecanismos homeostáticos das psicologias segundo Frankl. Quem busca a "felicidade", por si, parece desejá-la de modo absoluto, incondicionado e individual, sem que nela esteja implicada uma ideia de "razão" para ser feliz. Essa "razão", no entanto, impõe-se como *efeito da realização de um sentido*, não como algo alcançável por si mesmo. A "dignidade" para a felicidade decorre como efeito colateral da realização de sentido que é, sim, o fim em si, independentemente dos efeitos que acarreta. Isto é, a vontade de sentido orienta para uma realização de sentido, a qual acaba por prover uma razão para ser feliz. Com uma razão para ser feliz, a felicidade, automaticamente, surge como efeito colateral.

> É por isso que o comportamento humano não pode ser plenamente entendido através de hipóteses que afirmam que o homem busca o prazer e a felicidade,

---

35 "Portanto, uma vez que tanto a satisfação como a frustração das necessidades mais baixas podem provocar o homem a procura de um sentido, devemos concluir que a necessidade de um sentido é independente de outras necessidades. Daí se deduz que a necessidade de sentido não pode ser reduzida às demais necessidades, nem delas extraída" (FRANKL, 2005, p. 27-28).

36 Após um intercâmbio de publicações em periódicos norte-americanos, o próprio Maslow passou a concordar com o argumento de Frankl. Em seu livro com Pinchas Lapide, o pai da logoterapia rememora: "Quando eu a tenho [a felicidade] como objetivo – e neste ponto o verdadeiro fundador do conceito de autorrealização, Abraham Maslow, deu-me totalmente razão –, quando eu a aspiro, então eu a perco. Maslow escreveu ao pé da letra: '*My experience agrees with Frankl's that people who seek self-actualization directly, dichotomized away from a mission in life, don't, in fact, achieve it*'" (FRANKL *et al.*, 2013, p. 72). Um comentário importante de Frankl sobre o tema pode ser encontrado na obra *Psicoterapia e existencialismo*, por nós traduzida (FRANKL, 2020, p. 71-75).

37 "É bastante digno de nota que nenhuma outra escola de psicoterapia antes de Viktor Frankl tenha chegado à ideia de que poderia tratar-se, para o homem, entre outras coisas, de algo existente fora dele mesmo. Todos os outros conceitos psicológicos de motivação giram em seu núcleo em torno do eu e visam à obtenção do prazer (Psicologia Profunda), à obtenção de 'reforçadores' (Psicologia do Comportamento) e finalmente à autorrealização (Psicologia Humanística). Sobre isto há que notar, que a psicologia não-logoterapêutica esboçou uma imagem do homem absolutamente egocêntrica" (LUKAS, 1989a, p. 56).

independentemente da razão que houver para experimentá-los. Teorias motivacionais como essas põem em parênteses as razões – que são diferentes umas das outras – em favor do efeito, que é sempre o mesmo. Na verdade, o homem não se importa com o prazer, nem com a felicidade enquanto tais, mas, sim, por aquilo que venha a causar tais efeitos, seja a realização de um sentido pessoal, seja pelo encontro com outro ser humano (FRANKL, 2011, p. 56).

Nessa perspectiva, a logoterapia apresenta, por exemplo, um olhar diferente sobre as dependências. A frustração/vazio existencial – a estagnação da realização dos sentidos particulares da vida – pode levar o indivíduo a perseguir os efeitos de prazer diretamente. A busca direta, no entanto, ocorre no apelo à bioquímica. Uma pessoa dependente de álcool sentirá prazer como efeito da depressão do lobo frontal de seu cérebro: ela terá uma causa por que sentir prazer, mas não terá uma razão. Assim como alguém que corte cebolas e venha a chorar; da mesma forma, haverá uma causa, mas não uma razão. Ninguém pode me ordenar a rir, mas a inalação de óxido nitroso pode causar gargalhadas em qualquer indivíduo. As causas – sempre de natureza psicológica ou bioquímica (nunca noológicas ou espirituais), isto é, não intencionais (na acepção fenomenológica do termo) – são buscadas como produto da frustração quanto à orientação original para o sentido. Isto é, busca-se a reprodução fisiológica de um fenômeno que é secundário e reflexo, de um fenômeno que diz respeito à relação do sujeito com os objetos do mundo. O dependente do nosso exemplo vai-se tornando, aí, de maneira artificial, um sistema fechado.

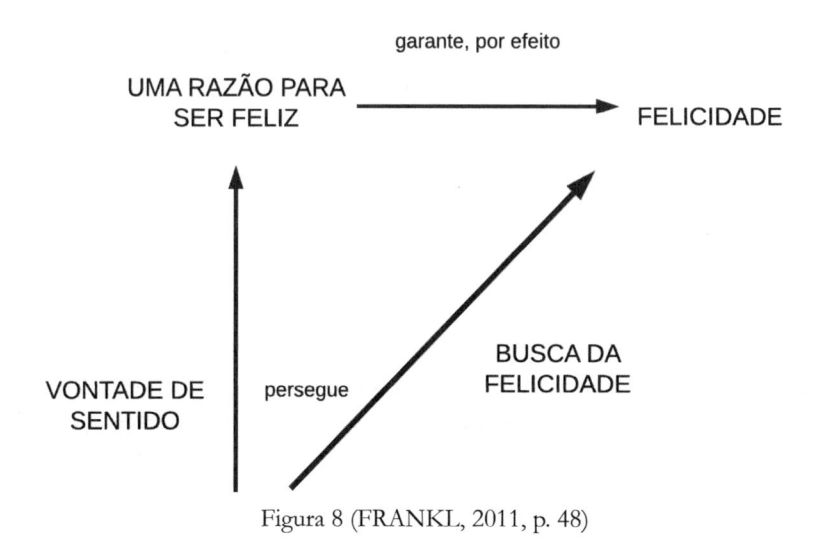

```
                    garante, por efeito
UMA RAZÃO PARA  ─────────────────────▶
SER FELIZ                                FELICIDADE
     ▲                              ╱
     │                          ╱
     │                      ╱
     │                  ╱
     │              ╱
     │          ╱         BUSCA DA
     │      ╱             FELICIDADE
VONTADE DE │ persegue ╱
SENTIDO    │      ╱
```

Figura 8 (FRANKL, 2011, p. 48)

Por conseguinte, a logoterapia nega-se a aceitar as noções de "autorrealização", de "felicidade", de "prazer" ou de "poder" como objetos da busca última do ser humano. O entendimento das vontades de "prazer" e de "poder" como motivação primária constitui o resultado de um terreno de observação das motivações autocêntricas tipicamente neuróticas, nas quais, principalmente, Freud e Adler se basearam (*idem*, p. 51). Em outros termos, "o princípio do prazer, assim como o desejo de se impor [*Geltungsstreben*], não passam de motivação neurótica" (FRANKL, 1990, p. 13). Esse padrão neurótico está ilustrado, também, na figura 8, quando se vê um desvio para uma busca "direta" pela felicidade. É assim que Frankl afirma que, tendo isso em mente, "consegue-se entender que Freud e Adler, os quais haviam feito suas descobertas a partir de pessoas neuróticas, desconhecessem a orientação primária do homem para o sentido" (*idem*). Essa busca "direta" de uma felicidade incondicionada, que a logoterapia entende como uma motivação possivelmente patogênica, também deve ser entendida segundo aquilo que Frankl nomeou de "princípio autoanulativo" (FRANKL, 2011, p. 48), de acordo com o qual quanto mais o sujeito se propõe a perseguir uma ideia acabada e autossuficiente de "bem", como a felicidade, o prazer, ou o sucesso, por exemplo – em detrimento da realização de sentido – mais esse sujeito se desviará desse intento. Nesse raciocínio, uma tal "busca da felicidade", de uma autorrealização ensimesmada, acabaria por constituir, como dito, uma motivação potencialmente neurótica:

> Logo que, em vez de nos entregarmos intencionalmente ao objeto de uma aspiração, fixamos nosso interesse na própria aspiração, deixamos, evidentemente, de perceber o objeto, nos afastamos dele e só nos damos conta de um estado. O lugar da intencionalidade é tomado pela facticidade; em outras palavras, a intenção como valor impregnado de prazer é substituída pelo fato 'prazer', carente de sentido. Renunciamos a algo capaz de causar prazer e nos concentramos no próprio prazer, mas este some tão logo falta aquilo que o ocasiona (FRANKL, 1978, p. 206).

"Não se deve buscar a felicidade" é uma máxima da logoterapia, tendo em vista que, na medida em que houver uma razão para a felicidade, ela se realizará espontânea e automaticamente. Uma outra máxima logoterapêutica subsequente é: "Não se pode perseguir a felicidade",[38] pois, na medida em que se faz da felicidade um objeto motivacional, ela passa a constituir-se como objeto de atenção, perdendo-se de vista a razão para ser feliz, o que, consequentemente, afastaria o sujeito da felicidade. Como vimos na nota 7 do capítulo anterior, aquilo que Frankl interpretou como a hipótese básica das psicologias humanistas (FRANKL, 2020, p. 65) também é passível de crítica em seu cerne, já que as mesmas, na leitura da logoterapia, concebem como meta final da existência humana a ideia de autorrealização. Frankl interpreta, portanto, uma preocupação excessiva com a autorrealização como um possível sinal de uma frustração da vontade de sentido, fazendo uso da metáfora do bumerangue, que só volta ao caçador que o atirou se seu alvo não tiver sido atingido. Da mesma forma, o homem só se volta para si como centro maior de suas preocupações, quando houver falhado na busca pelo sentido.

> A autorrealização não constitui a busca última do ser humano. Não é, sequer, a sua intenção primária. A autorrealização, se transformada num fim em si mesmo, contradiz o caráter autotranscendente da existência humana. Assim como a felicidade, a autorrealização aparece como efeito, isto é, o efeito da realização de um sentido. Apenas na medida em que o homem preenche um sentido lá fora, no mundo, é que ele realizará a si mesmo. Se ele decide por realizar a si mesmo, ao invés de preencher um sentido, a autorrealização perde, imediatamente, sua razão de ser (FRANKL, 2011, p. 52-53).

Chegamos, então, à tese de que tanto o princípio do prazer (rebatizado por Frankl como "vontade de prazer"), quanto o *Geltungsstreben* (renomeado por Frankl de "vontade de poder") constituem meras derivações da motivação primária do ser humano, a vontade de sentido, que se constitui como o esforço mais básico do homem na direção de encontrar e realizar o sentido da própria existência a cada instante de sua vida. Uma definição negativa de Frankl se mostra pertinente aqui: "Nós chamamos de vontade de sentido simplesmente

---

38 "É o que Kierkegaard exprimia numa bela frase, ao dizer que a porta da felicidade abre para fora: essa porta se fecha para quem, tentando abri-la, a empurrar. Barra o caminho para a felicidade aquele que a todo o transe se empenha em tornar-se feliz. Donde se conclui que toda aspiração à felicidade – ao suposto 'final' da vida humana – é, já de si, coisa impossível" (FRANKL, 2003a, p. 73).

àquilo que é frustrado no homem sempre que ele é tomado pelo sentimento de falta de sentido e de vazio" (FRANKL, 1991, p. 25). Como, no entanto, se justificaria a mencionada derivação? Ora, se nem poder, nem prazer, sequer a felicidade em si, ou as outras noções similares de "bem", podem ser considerados, antropologicamente, como fins em si mesmos, há de conceber-se um reposicionamento de tais noções, a partir da vontade de sentido, já que este, sim, se constituiria como o "fim", como o "bem", não deduzido e sequer racionalizável *a priori*, como se explicitará no capítulo seguinte:

> Não afirmamos que o homem seja dominado pela busca do prazer ou a ambição de mando; pelo contrário, mantemos a opinião de que ele é animado, no mais profundo de si, para dizer não 'espiritualizado' pela vontade de sentido. A vontade de poder vê e procura exclusivamente o útil, ou seja, 'um valor para mim'; a vontade de sentido, no entanto, vê, outrossim, a dignidade e dela cuida, e isto significa 'um valor em si'. Assim, a *vontade de poder é uma vontade de sentido que degenerou* (FRANKL, 1978, p. 177).

Na figura 9, esboça-se a ideia geral dos problemas encontrados por Frankl em Freud e em Adler. Centrando-se na tese da "vontade de sentido", reposicionam-se o prazer como efeito colateral da realização de um sentido e o poder como um instrumento, um meio ocasional de facilitar-se a realização de um sentido. No reposicionamento, como se clarifica na ilustração, nem poder, nem prazer se fixam como fins. Cabe lembrar que Frankl rejeita a concepção da vontade de sentido nos termos de um instinto. Isso porque caberia a associação entre instinto como mecanismo natural de direcionamento à redução de tensão interna, contradizendo, exatamente, a noção defendida pela logoterapia da finalidade intrínseca da realização do sentido, que não possui relações *a priori* de necessidade com a agenda dos apetites psicofísicos: "Assim se compreenderá o que é mais contrário à moralidade: todo cálculo sobre o efeito de uma boa ação, toda especulação sobre o êxito de uma boa obra que traga lucros" (FRANKL, 1978, p. 270). É nesse raciocínio que Frankl nos fala de uma "vontade" e não de um "instinto" de sentido.[39] Se, realmente, estivéssemos falando de um instinto,

---

[39] "Uma observação não tendenciosa do que ocorre no homem quando ele se orienta pelo sentido revelaria a diferença fundamental entre, de um lado, ser conduzido por um instinto e, de outro, lutar pela realização de algo. É um dos fatos mais imediatos da vida perceber que o homem é

no final das contas, a realização do sentido serviria, tão somente, para apaziguar as exigências desse mesmo instinto e restabelecer o equilíbrio interno perdido:[40] "Se assim fosse [...] o homem teria deixado de agir por causa do *sentido em si*, e a nossa teoria da motivação viria a redundar no princípio da homeostase" (FRANKL, 2003a, p. 100, grifos nossos).

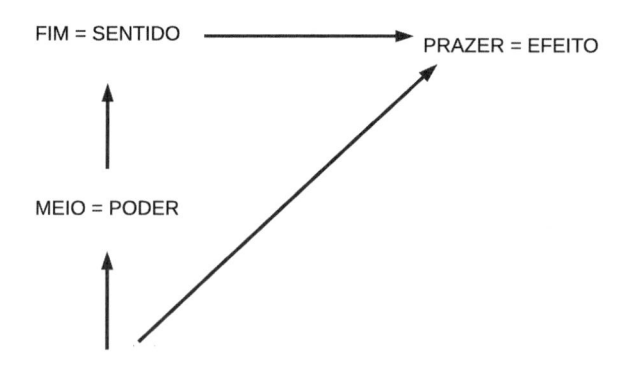

```
FIM = SENTIDO ─────────▶ PRAZER = EFEITO
     ▲                  ▲
     │                 ╱
     │                ╱
MEIO = PODER         ╱
     ▲              ╱
     │             ╱
```

Figura 9 (FRANKL, 2011, p. 50)

Frankl também adverte contra uma errônea leitura voluntarista da vontade de sentido: "Seria um erro interpretar a ideia de vontade de sentido a modo de apelo para a vontade" (FRANKL, 2003a, p. 101). Do mesmo modo como a fé, o amor e a esperança não são manipuláveis ou fabricáveis artificialmente, isto é, do mesmo modo como não posso querer crer, querer amar ou querer esperar ao sabor de minha vontade – tampouco posso "querer querer" (*idem*). O apelo à vontade de sentido não significa, de modo algum, exigir de alguém que "queira o sentido", mas antes quer dizer pôr-se à disposição do sentido, esperar por ele e decidir-se, ou não, por sua realização: "A vontade não pode ser exigida, dominada nem comandada.

---

impulsionado, empurrado pelos instintos, mas refreado pelo sentido, e isso implica que sempre caberá a ele decidir se o sentido deverá ou não ser realizado. Desse modo, a realização de sentido sempre implicará a tomada de uma decisão" (FRANKL, 2011, p. 59).

40 Ainda a respeito da possibilidade de um "instinto de sentido", Frankl se posiciona: "Eu não penso assim, por conta de que, se entendermos a vontade de sentido como mais um instinto, o homem, mais uma vez, deverá ser visto como um ser basicamente preocupado com seu equilíbrio interno. Então, obviamente, ele realizaria o sentido no intuito de satisfazer um instinto de sentido, isto é, para restaurar um equilíbrio interno. A realização de sentido, logo, viria não por sua finalidade intrínseca, mas, sim, para um propósito individual" (FRANKL, 2011, p. 59).

Não se pode criar, artificialmente, a vontade, e, se a vontade de sentido deve vir à tona, o sentido, em si, deve ser elucidado" (FRANKL, 2011, p. 60).

Na logoterapia, em contraposição à psicodinâmica – homeostática – a noodinâmica se estabelece como o campo de tensão entre ser e dever-ser, isto é, entre ser e sentido. A noodinâmica[41] se distingue da psicodinâmica, exatamente, por incluir em seu cerne um elemento de liberdade. A fórmula frankliana a respeito parece ser: "A vida consiste na tensão indispensável entre *o que é* e *o que deveria ser*. Pois, o homem não se destina a ser, mas a vir a ser" (FRANKL, 1978, p. 215). A psicodinâmica é lida por Frankl como, necessariamente, pandeterminista, no sentido do funcionamento de um sistema fechado de reações e ab-reações, isto é, na acepção de um homem "impulsionado". No caso da noodinâmica, trata-se de um ser-atraído para o mundo do dever-ser, dos valores, mundo esse a cujas exigências se pode, sempre, dizer sim ou não (FRANKL, 2003a, p. 98): "a tensão entre ser e sentido tem um fundamento inamovível na essência do homem". Para a logoterapia, a "tensão entre ser e dever-ser faz parte, precisamente, do ser-homem, constituindo, por isso, condição inalienável da saúde mental" (*idem*, p. 103). Isto é, através do conceito de "noodinâmica", Frankl também critica as concepções de saúde mental que venham a se valer de um funcionamento ideal semelhante ao do equilíbrio homeostático, afirmando que, existencialmente, uma certa quantidade de tensão constitui um pré-requisito indispensável à saúde mental:

> O de que o ser humano realmente precisa não é um estado livre de tensões, mas antes a busca e a luta por um objetivo que valha a pena, uma tarefa escolhida livremente. O de que ele necessita não é a descarga de tensão a qualquer custo, mas antes o desafio de um sentido em potencial à espera de seu cumprimento. O ser humano precisa não de homeostase, mas daquilo que chamo de 'noodinâmica' [...]. Ouso dizer que nada no mundo contribui tão efetivamente para a sobrevivência, mesmo nas piores condições, como saber que a vida da gente tem um sentido. Há muita sabedoria nas palavras de Nietzsche: 'Quem tem um *por que* viver pode suportar quase qualquer *como*' (FRANKL, 1985a, p. 95-96).

---

41 "Do princípio da noodinâmica flui também sempre um *valor proveniente do mundo exterior* [...] – enquanto o princípio da homeostase tem a haver-se exclusivamente com o próprio eu. É interessante que ambos colocam no homem um tipo de aspiração: no plano psíquico, a aspiração ao prazer e o equilíbrio de impulsos no 'mundo interior'; no plano espiritual, a aspiração ao sentido e à realização de valores no 'mundo exterior'. Segundo a concepção da logoterapia, no homem são, na verdade, a última instância é a decisão; a 'vontade de sentido' é a sua motivação mais originária, sua motivação primeira" (LUKAS, 1989a, p. 55).

É a partir de cada decisão sobre as exigências concretas de cada momento, isto é, ao longo da experiência mesma da tensão entre ser e sentido, que o homem pode perceber-se como radicalmente singular, transformando as formas de tipicidade (caráter psicológico, disposição biológica ou posição social) em direção a uma "personalidade". Isto é, a liberdade humana é uma liberdade "da" facticidade "para" a existência: liberdade do ser-assim para tornar-se-outro.[42] Para a logoterapia, esse tornar--se-outro é sempre guiado e orientado para um "mundo objetivo de sentidos e valores": "essa orientação para o sentido de toda autoestruturação faz com que a verdadeira personalidade não possa ser concebida senão como marcada pelos sentidos e valores" (FRANKL, 1978, p. 162). Se podemos, de fato, falar de "identidade"[43] aí, ela não resultaria de nossos esforços racionais de autoconcentração, "mas sim da dedicação que oferecemos a alguma causa, quando nos encontramos na realização de um trabalho específico" (FRANKL, 2011, p. 160). A logoterapia compreende que as crises de identidade redundam, de fato, em uma crise de sentido (FRANKL, 1981, p. 30). Se, conforme vimos, o propósito do sentido é o de ditar a "marcha do ser", é nesse contexto que, parafraseando Hölderlin, Frankl afirma: "O que somos não quer dizer nada; o que realmente importa é para onde estamos indo" (FRANKL, 2011, p. 160).

Frankl também reage à acusação, muitas vezes dirigida à logoterapia, de que seu pensamento superestima o ser humano. Como piloto amador que foi, ilustra seu posicionamento através de uma analogia envolvendo uma técnica de aviação (FRANKL, 2005, p. 24), o *crabbing*. Se, por exemplo, estiver o avião intencionado a pousar num aeroporto que fica ao leste e sobrevier um vento contrário do norte, o piloto não pode rumar ao leste, caso queira lá aterrissar. Isso porque a aeronave se deixaria levar, por conta do vento, ao sudeste, jamais chegando ao seu destino original. A manobra corrige essa

---

42 A decisão humana nunca é unicamente sobre "algo". Toda decisão implica autodecisão, e esta redunda, simultaneamente, em autocriação. "A minha liberdade de ser-assim eu a apreendo na autorreflexão; a minha liberdade de tornar-me outro, eu a compreendo na autodeterminação. A autorreflexão resulta do imperativo délfico: 'conhece-te a ti mesmo'; a autodeterminação se desenvolve conforme a máxima de Píndaro: 'Torna-te o que tu és!'" (FRANKL, 1978, p. 162).
43 Sob esse mesmo tema, Frankl cita Goethe: "'Como pode uma pessoa conhecer-se a si mesma? Nunca pela reflexão, mas sim pela ação. Tenta cumprir o teu dever e logo saberás o que há em ti. Mas o que é teu dever? A exigência do dia'" (FRANKL, 2003a, p. 92).

deriva e consiste em, no caso, rumar numa direção mais a nordeste, a fim de compensar a imposição do vento. Com isso, o propósito de Frankl é afirmar que, se exigirmos do homem aquilo que ele *deve* ser, ele acabará por tornar-se tudo aquilo que ele *pode* ser. No entanto, se aceitarmos o homem, simplesmente, como ele é, acabaremos tornando-o pior do que já é.[44] É nesse sentido que sua resposta para o tema é: "Não [estou superestimando o homem]. Somente o estou dirigindo para uma direção em que pode pousar" (FRANKL, 2003b, p. 14). Contra a ideia de que sua imagem de homem corresponde a um idealismo ingênuo, prossegue: "Portanto, este idealismo – se é que se trata de idealismo – é, no fim das contas, o único realismo verdadeiro" (*idem*, p. 15). Ora, a única postura realmente perigosa aí é a de subvalorizar o homem:

> Se quisermos valorizar e empenhar o potencial humano em sua forma mais elevada possível, devemos antes de tudo acreditar que ele existe e que está presente no homem. Se não, o homem deverá 'desviar-se', deverá deteriorar-se, porque o potencial humano existe sim, mas na pior forma. Por outro lado, não devemos permitir que nossa fé na potencial humanidade do homem nos induza a esquecer o fato de que, na realidade, os homens *humanos* são e, provavelmente, sempre serão uma minoria. Contudo, é exatamente este fato que deve estimular a cada um de nós a unir-se à minoria: as coisas vão mal, mas se não fizermos o melhor que pudermos para fazê-las progredir, tudo será pior ainda (FRANKL, 2005, p. 24).

A partir desse olhar sobre o ser humano, pode-se pensar um novo eixo de avaliação da existência. A ideia de que a orientação primária do homem está pautada numa busca última pelo prazer, ou pelo poder, nos leva a um critério da ordem da dicotomia "fracasso e sucesso"; esta seria a dimensão do *homo sapiens*, que se encontra, na representação da figura 10, movimentando-se em torno do eixo horizontal do gráfico. Trata-se do "homem inteligente, que possui os conhecimentos necessários, que sabe como obter sucesso" (*idem*, p. 35). Como exemplos, Frankl se refere aos paradigmas do homem de negócios e do chamado "playboy", isto é, os ideais do sucesso no "ganhar dinheiro" ou no "obter prazer" (*idem*).

---

44 "Quem me disse isto não foi o meu instrutor de voo; é uma citação quase literal de Goethe" (FRANKL, 2003b, p. 15). A citação literal, tomada por Frankl como "a melhor das máximas de qualquer psicoterapia" é: "Se tomamos os homens como eles são, fazemo-los piores; mas, se os tomamos como eles devem ser, faremos deles o que podem ser" (GOETHE *apud* FRANKL, 2003a, p. 134).

Na dimensão do *homo patiens*, representada no eixo vertical, no entanto, o critério passa a ser o da satisfação, ou não, da vontade de sentido, instaurando-se outra polaridade: satisfação e desespero. O *homo patiens* é concebido, na logoterapia, como o homem que cumpre com sua orientação ontológica para o sentido, não obstante o sofrimento e apesar do fracasso, já que se trata de dois critérios não excludentes de análise. Através do desmembramento em dois eixos, pode-se entender por que pode haver realização apesar do fracasso e desespero apesar do sucesso. Novamente: só a partir da compreensão de que se trata de duas dimensões diferentes, é que se torna claro por que há pessoas que, apesar do sucesso, são levadas ao desespero e por que há também pessoas que, apesar do fracasso, descobriram um senso de realização e de felicidade.[45] "Não há dúvida que se trata de uma dimensão diferente e é importante que nos demos conta disso" (FRANKL, 2003b, p. 34-35).

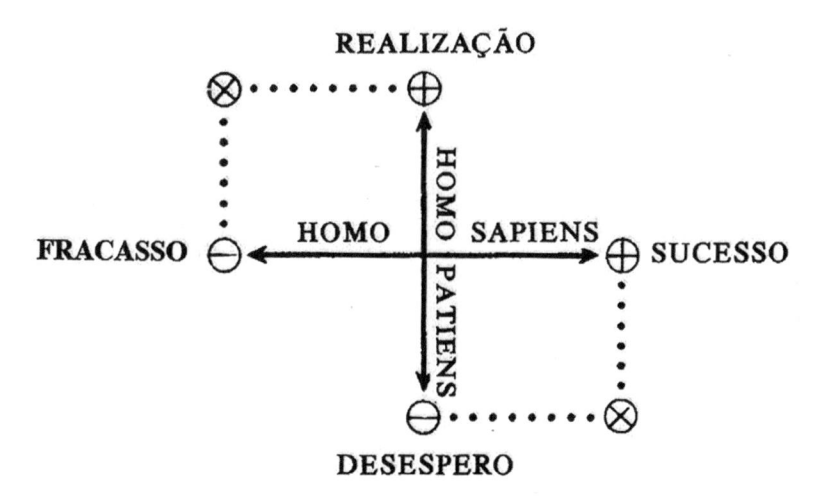

Figura 10 (adaptada de FRANKL, 2005, p. 35)

---

[45] A título de ilustração, Frankl (1981, p. 53) cita o caso da significativa taxa de suicídios de estudantes na afluente Universidade Estadual de Idaho, a expressiva clientela de executivos bem-sucedidos que reclamavam de um "sentimento abismal de falta de sentido" no Centro de Terapia do Comportamento de Nova Iorque e a problemática da sugestiva parcela de ex-alunos de Harvard que procuravam atendimento clínico com a mesma queixa. Estas pessoas estariam situadas no quadrante direito inferior da figura 10. Na polaridade oposta, Frankl menciona depoimentos de alguns presidiários, que lhe escreveram dizendo, apesar da miséria do passado e do fracasso do presente, ter encontrado o sentido da própria vida. Estes encarcerados estariam representados no canto superior esquerdo da mencionada figura.

A figura do *homo patiens*, no pensamento frankliano, diz respeito à terceira classe de valores em que se é possível encontrar sentido na vida, e Frankl sempre fez questão de frisar que, nessa tríplice distinção (valores criativos, vivenciais e de atitude), há, sim, uma hierarquia interna que aponta para a terceira como a mais elevada de todas. Mudar-se a si próprio quando nada mais pode ser exteriormente modificado constitui o mais nobre dos potenciais humanos:

> E na verdade, trata-se de uma dimensão *mais elevada*. Como se entende isto? Falou-se que uma possibilidade de sentido significa possibilidade de modificar a realidade. Uma tal mudança ocorre – na medida em que é possível – ou quando a situação é alterada ou quando o homem – na medida em que *isto* é necessário – transforma *a si mesmo*. De fato, exige-se do homem que cresça, amadureça, supere a si mesmo exatamente lá onde não pode alterar sua situação! E desta forma, no sofrimento, conseguir a *mais alta* realização, tornar real em si mesmo a *mais alta* possibilidade (FRANKL, 1981, p. 50-51).

O *homo patiens* é o homem que ousa e sabe sofrer, isto é, aquele que consegue transformar seu sofrimento numa conquista, numa realização humana. A vontade de sentido não cessa; o sentido é incondicional e é exatamente por isso que ele também existe para além do agir e do amar. Frankl cita Yehuda Bacon, artista israelense que, quando jovem, também foi prisioneiro dos campos de concentração nazistas. Bacon sonhava em contar ao mundo o que vira, na esperança de que as pessoas pudessem mudar para melhor. Para ele, no entanto, as pessoas não mudaram, tampouco quiseram saber. Narra o artista que, só tempos depois, entendeu "o sentido do sofrimento": "Ele pode ter sentido se fizer *você* mudar para melhor" (BACON *apud* FRANKL, 2011, p. 102). O sofrimento vivido com sentido, além de "dignidade ética", possui "relevância metafísica" – amadurece[46] o homem "para a verdade" (FRANKL, 1978, p. 241). Frankl critica, por conseguinte, o quadro do desenvolvimento cultural do ocidente, que, principalmente, nos últimos três séculos, fez tudo quanto pôde para pasteurizar e escamotear a

---

46 "Sim, o verdadeiro produto do sofrimento é, afinal de contas, um processo de maturidade. A maturidade pressupõe, todavia, que o indivíduo tenha alcançado uma liberdade interior, malgrado sua dependência exterior" (FRANKL, 1978, p. 241). Não é demais frisar que o sofrimento de que falamos aqui é o sofrimento da fatalidade, aquilo que se apresenta como destino. Sofrer apesar da possibilidade de mudar essa condição constituiria uma forma de masoquismo.

inelimanável condição de sofrimento que perpassa a vida humana. Absolutizou-se a figura do *Homo faber*, o homem dos valores criativos. Criaram-se dois ídolos para negação do sofrimento: a atividade e a racionalidade.

> Os homens se enganaram e enganaram aos outros, tentando acreditar que com o auxílio da *actio* e da *ratio* conseguiriam acabar com a dor, a miséria e a morte. A *actio* impediu que se visse a *passio*; esqueceu-se de que a vida é paixão. A *ratio*, a razão, a ciência, supostamente o conseguiriam. Não foi, pois, sem motivo que se procurou glorificá-las e fazer a apoteose do homem racional, do *Homo sapiens*, ao qual caberia ensinar como se esquivar da realidade, da necessidade do sofrimento e da possibilidade de lhe dar um sentido (idem, p. 243).

Para Frankl, o homem que descobre que seu destino lhe atribuiu um sofrimento tem que compreender esse mesmo sofrimento como uma tarefa personalíssima, única e original. Principalmente diante de um fenômeno desta natureza, "a pessoa precisa conquistar a consciência de que ela é única e exclusiva em todo o cosmo dentro deste destino sofrido" (FRANKL, 1985a, p. 76). Nenhum ser humano pode assumir o destino de outro; cada um é insubstituível[47] nesse sofrimento que o destino reservou, e é no interior mesmo dessa fatalidade em que ele é insubstituível que se gera a responsabilidade pessoal pela configuração desse destino, que, visto dessa forma, se torna "missão". Ou seja, é esse caráter de "algo único" do destino que gera a responsabilidade humana diante dele (FRANKL, 2003a, p. 120). A possibilidade de realização de sentido, nesse caso, reside, portanto, na maneira própria pela qual este ser humano suporta essa imposição.

> Para nós, no campo de concentração, nada disso era especulação inútil sobre a vida. Essas reflexões eram a única coisa que ainda podia ajudar-nos, pois esses pensamentos não nos deixavam desesperar quando não enxergávamos chance alguma de escapar com vida. O que nos importava já não era mais a pergunta pelo sentido da vida como ela é tantas vezes colocada, ingenuamente, referindo-se a nada mais do que a realização de um alvo qualquer através de nossa produção criativa. O que nos importava era o objetivo da vida naquela totalidade que incluiu também a morte e assim não somente atribui sentido à 'vida', mas

---

[47] "Esse fato de cada indivíduo não poder ser substituído nem representado por outro é, no entanto, aquilo que, levado ao nível da consciência, ilumina em toda a sua grandeza a responsabilidade do ser humano por sua vida e pela continuidade da vida" (FRANKL, 1985a, p. 78).

> também ao sofrimento e à morte. Este era o sentido pelo qual estávamos lutando! [...] Para nós, o sofrimento passara a ser uma incumbência cujo sentido não mais queríamos excluir (FRANKL, 1985a, p. 77).

Por fim, para Frankl, a vontade de sentido também torna inteligível o fenômeno da afirmação da vida, até mesmo nas situações mais extremas. Potencialmente, a vida humana pode tudo suportar, menos a falta de um sentido. Trata-se do "porquê" diante dos "comos" anunciados, como vimos, por Nietzsche. Frankl (2011, p. 65; 1981, p. 51) cita alguns conhecidos estudos de psiquiatras militares da Coreia do Norte, Japão e Vietnã com prisioneiros de guerra, e interpreta as conclusões de tais pesquisas como confirmadoras daquilo que constatou com a própria experiência nos campos de concentração nazistas. A vontade de sentido, na linguagem da psicologia moderna, representaria o valor de sobrevivência[48] [*survival value*] mais decisivo: "É verdade que se havia alguma coisa para sustentar um homem numa situação extrema como em Auschwitz e Dachau, esta era a consciência de que a vida tem um sentido a ser realizado, ainda que no futuro" (FRANKL, 2005, p. 28).

Para Frankl, sem um ponto fixo no futuro, o homem não consegue propriamente existir.[49] Os prisioneiros que vivenciavam a ideia de que algo ou alguém ainda os esperava eram, precisamente, aqueles que apresentavam maiores chances de suportar a realidade miserável a que estavam submetidos. Sobreviver ou não viria, em grande parte, a depender da "capacidade de orientar a própria vida em direção a um 'para que coisa' ou um 'para quem'" (*idem*, p. 29), isto é, de viver de maneira autotranscendente. É óbvio, diz-nos Frankl, que a orientação ao sentido era apenas uma condição necessária, mas não suficiente para sobreviverem. Milhões morreram, mesmo com a certeza do sentido incondicional da vida: "Sua fé não conseguiu salvar-lhes a vida, mas permitiu-lhes enfrentar a morte de cabeça erguida" (*idem*, p. 28). É assim que Frankl se diz testemunha daqueles que superaram o temor que Dostoiévski anunciara: o único e solitário temor de não ser digno do próprio

---

48 "Não se trata apenas de sucesso e de felicidade, mas sim de sobrevivência" (FRANKL, 2005, p. 28).

49 "É em ordem ao futuro que normalmente todo o seu presente é configurado, orientando-se para ele como a limalha de ferro se orienta para um polo magnético. Pelo contrário, o tempo interior, o tempo vivencial perde toda a sua estrutura sempre que o homem perde o 'seu futuro'" (FRANKL, 2003a, p. 143).

tormento.⁵⁰ Para Frankl, essas pessoas deram o maior testemunho possível da inalienável liberdade espiritual do homem. Elas foram "dignas de seus tormentos" (FRANKL, 1985a) e provaram que "inerente ao sofrimento, há uma conquista", já que, se a vida tem sentido, o sofrimento, necessariamente, também o terá:

> Na realidade, porém, o homem é profundamente permeado por uma *vontade de sentido*. E a práxis – não somente nos consultórios e ambulatórios, mas também nas 'situações-limite' das crateras de bombas e dos abrigos subterrâneos contra os bombardeios, dos campos de prisioneiros de guerra e dos campos de concentração – essa práxis nos mostrou que só uma coisa torna o homem capaz de suportar o pior e de realizar o extremo. E esta coisa única é o apelo para a vontade de sentido e o conhecimento a esse respeito, para que o homem se saiba responsável pela realização desse sentido de vida (FRANKL, 1990, p. 33).

---

50 "Da maneira com que uma pessoa assume o seu destino inevitável, assumindo com esse destino todo o sofrimento que se lhe impõe, nisso se revela, mesmo nas mais difíceis situações, mesmo no último minuto de sua vida, uma abundância de possibilidades de dar sentido à existência. Depende se a pessoa permanece corajosa e valorosa, digna e desinteressada, ou se, na luta levada ao extremo pela autopreservação, ela esquece sua humanidade e acaba tornando-se por completo aquele animal gregário, conforme nos sugeriu a psicologia do prisioneiro do campo de concentração. Dependendo da atitude que tomar, a pessoa realiza ou não os valores que lhe são oferecidos pela situação sofrida e pelo seu pesado destino. Ela então será 'digna do tormento', ou não" (FRANKL, 1985a, p. 68).

3. A CONSCIÊNCIA MORAL

A consciência como um fato psicológico imanente já nos remete, por si mesma, à transcendência; somente pode ser compreendida a partir da transcendência, somente como ela própria, de alguma forma, constituindo um fenômeno transcendente (FRANKL, 1992, p. 41).

Até o presente momento, ocupamo-nos em explicitar os aspectos da fundação de mundo segundo o sentido e da orientação do homem para o sentido. Cabe-nos, agora, o questionamento sobre o reconhecimento do sentido: afinal, como o homem pode compreender o que tem ou o que não tem sentido? Trata-se de uma pergunta mais do que legítima, tendo em vista o fato de que o tema da compreensão e da interpretação do sentido – em outras palavras, o questionamento a respeito do "para-quê" da liberdade – terá implicações radicais no pensamento ético e ontológico de Frankl, implicações essas que se condensaram, essencialmente, em sua obra sobre psicologia e teologia, *A presença ignorada de Deus* (1992), trabalho que, em 1948, lhe serviu como tese de doutoramento em filosofia. Frankl sabe que boa parte das questões que afloram a partir dessa problemática ultrapassam o campo de uma fundamentação antropológica para a psicoterapia e se convertem em questões especificamente teológicas e filosóficas. Logo, reconhece que muitas dessas considerações não constituem, propriamente, o quadro teórico da logoterapia, a qual, por si, é e permanece como "um método e uma técnica de psicoterapia capaz de ser praticado mesmo por quem não subscreve" por completo suas teses teofilosóficas (FRANKL, 1978, p. 258). Neste capítulo, portanto, investigaremos como Frankl interpreta, a partir de uma análise da consciência moral, o fenômeno da responsabilidade humana, ao refutar as leituras psicológicas sobre a moralidade e defender uma peculiar noção de experiência religiosa.

Numa linguagem marcada pelas influências da psicanálise, ao abordar o tema da consciência moral, Frankl procura, antes, "reabilitar" o conceito de inconsciente, reconhecendo que tal categoria, em Freud, permanecia restrita à descrição de um sofisticado funcionamento instintivo: na psicanálise, "o inconsciente era, primordialmente, um reservatório de instintividade reprimida". Nesse ponto, Frankl reafirma sua interpretação sobre a teoria freudiana, contemplando nela, como vimos, um perigoso automatismo do aparelho psíquico, através de uma psicologia essencialmente atomística, energética e mecanicista. O inconsciente psicanalítico é sempre referido, na logoterapia, como o "inconsciente instintivo". A noção de "inconsciente", na logoterapia, pode, no entanto, ser mais bem compreendida através de um vocabulário fenomenológico, mais do que psicanalítico, já que se trata, para ele, de realidade "irrefletida", não reflexiva ou pré-reflexiva.[1] Ao inconsciente instintivo, Frankl contrapõe, sem o negar, o "inconsciente espiritual". Com "inconsciente espiritual", Frankl quer afirmar que a existência humana não se passa num plano predominante de reflexão, de intelectualização, e que o "eu em si mesmo" é irreflexível[2] e "assim, somente executável, 'existente' somente em suas execuções, como 'realidade de execução'"; isto é, que a "existência propriamente dita continua sendo um fenômeno primário[3] [*Urphänomen*] não-analisável e irredutível" (FRANKL, 1992, p. 23). É nesse sentido que a espiritualidade é inconsciente, noção que pode ser ilustrada com a metáfora da visão e do ponto cego da retina:

> Da mesma forma que, no local de origem da retina, ou seja, no ponto de entrada do nervo ótico, a retina tem seu 'ponto cego', assim também o espírito, precisamente na sua origem, é cego a toda auto-observação e autorreflexão; quando é totalmente primordial, completamente 'ele mesmo', é inconsciente de si mesmo. Ao espírito, poderíamos aplicar o que se lê nos antigos vedas indianos: 'Aquilo

---

1 Isto é, "por inconsciente não se deve entender nada mais do que não-reflexivo. Apesar disso, pretende-se dizer algo mais: pretende-se dizer também não-reflexionável" (FRANKL, 1995, p. 82). Uma outra analogia utilizada por Frankl é: "Com a ajuda de um telescópio, podem-se observar todos os planetas do sol, com exceção de um: fica excluído o próprio planeta Terra" (*idem*).

2 "Este espiritual é inconsciente na medida em que se 'absorve' na execução irrefletida dos atos espirituais" (FRANKL, 1978, p. 149).

3 A referência a "primário" diz respeito ao fato de que tal classe de fenômenos não pode ser esclarecida satisfatoriamente no plano ôntico, isto é, através de sua "redução no ôntico", mas apenas através da "transcendência para o ontológico" (FRANKL, 1992, p. 23).

que vê não pode ser visto; aquilo que ouve não pode ser escutado; e o que pensa não pode ser pensado' (*idem*, p. 24).

É sobre essa ideia de inconsciente espiritual que Frankl passa a conceber sua noção de consciência moral (*Gewissen*). Preferimos adicionar o termo "moral" no intuito de não haver confusão de conceitos com uma consciência cognitiva (*Bewusstsein*). De fato, a consciência moral é definida, na logoterapia, como o "órgão do sentido", a capacidade de intuir o melhor possível que uma pessoa singular, diante de uma situação concreta, poderá atualizar, e este critério de "melhor" é o critério de ser uma escolha de sentido – que, como vimos, é único *ad situationem* e *ad personam*. Frankl defende que a consciência moral tem suas raízes no inconsciente espiritual,[4] tendo em vista que as decisões humanas existencialmente autênticas não são produtos de interminável ocupação intelectual; são elas "irrefletidas" e "inconscientes" na acepção que acabamos de apresentar. A consciência é, nesse raciocínio, irracional, ou pré-lógica, e constitui, assim, uma *"compreensão pré-moral dos valores, muito anterior a qualquer moral explícita"* (*idem*, p. 26, grifos originais). Frankl chama a atenção para que todo "exame de consciência" só toma lugar *a posteriori*,[5] sendo a deliberação da consciência, em última instância, inescrutável. Nesse diapasão, a consciência moral – ao contrário da consciência cognitiva (*Bewusstsein*), a qual tem acesso ao ser que é – vislumbra um ser que ainda não é, ou melhor, um dever-ser. Nessa visada, nessa antecipação espiritual, a

---

[4] Frankl coloca na mesma classe de fenômenos originados no inconsciente espiritual o amor, a percepção estética e o humor (FRANKL, 1992, p. 29-31). Sobre o tema do amor, Frankl sempre dedica passagens especiais ao longo de sua obra. Para a logoterapia, o amor não é concebido como mero epifenômeno das funções sexuais, mas se apresenta como fenômeno primário – só compreensível na dimensão noológica –, a partir da qual se vem a conhecer outro ser humano como um ser irrepetível no seu ser-aí (*Da-sein*) e único no seu ser-assim (*So-sein*). Em termos buberianos, o amado aí aparece como um Tu, que é acolhido num outro Eu, na mesma medida em que se consagra o que a pessoa "é", não se podendo amar uma "parte" de alguém, mas apenas a pessoa integral, a pessoa enquanto ser espiritual. Frankl compreende o amor como a forma mais elevada possível do erótico, em seu sentido mais amplo (FRANKL, 2003a, p. 175).

[5] Sobre o caráter necessário de posterioridade dessa "re-flexão" que observa e pensa os atos espirituais, Frankl comenta: "Portanto, devemos distinguir entre um saber (primário) e uma consciência (secundária) deste mesmo saber. O que se chama, em geral, consciência é, contudo, o mesmo que esta consciência retrospectiva, reflexiva sobre si mesma, esta consciência do próprio saber, este saber sobre si mesmo, esta autoconsciência. A uma consciência = autoconsciência, teríamos, portanto, de opor uma consciência imediata. Esta última corresponderia ao que se tem chamado de *prima intentio*, enquanto que o ato secundário (da reflexão), 'derivado' do ato (primário) da intenção, coincidiria com o que se tem designado como *secunda intentio*" (FRANKL, 1978, p. 149).

consciência moral é, funcionalmente, intuitiva. Referindo-se a um indivíduo singular sobre uma situação concreta, esse dever-ser não pode subsumir-se em nenhuma lei geral, formulada universalmente: "uma vida a partir da consciência é sempre uma vida absolutamente pessoal", dirigindo-se, sempre, a uma "situação absolutamente concreta, àquilo que possa importar em nossa existência única e individual: a consciência considera sempre o 'aqui' ('Da') concreto do meu 'ser' ('Sein') pessoal" (*idem*, p. 28).

Para Frankl, a consciência moral é transcendente, apresentando-se como fenômeno que não se esgota em sua realidade psicológica. A fim de evitar mal-entendidos sobre o que a logoterapia depreende da noção de transcendência da consciência – e antes de abordar esse tema mais diretamente –, devemos mostrar como Frankl fez questão de estabelecer as distinções fundamentais entre tal categoria e o superego freudiano, afastando tal instância psíquica das autênticas questões de consciência. Na logoterapia, o superego constitui uma identificação com uma lei que é da ordem da cultura, dos padrões de comportamento, da modulação introjetada de um agir socialmente aceitável (na forma da imago do pai). Do ponto de vista espiritual, contudo, o homem só pode ser considerado "ele próprio" quando deixa de ser impulsionado por tais formas de determinação, para, livre e autoconsciente diante delas, ser responsável: a psicanálise, nesse sentido, ter-se-ia esforçado para, nos termos de Frankl, "id-ficar" e "des-egoficar" o ser humano[6] (*idem*, p. 19). A consciência, no entanto, é orientada para o sentido,[7] e este, como vimos, não guarda relações de necessidade com os modelos estabelecidos de valores histórico-morais consolidados, podendo romper com o interdito da cultura ou com o modelo positivo de lei, se necessário: "consequentemente, se a consciência pode vir a ter a função de contradizer o superego, ela, certamente, não deverá ser confundida com ele" (FRANKL, 2011, p. 30). Isto é, como instância integrante de um aparelho

---

6 Sobre o tema, cabe o comentário de Vaz, a respeito da estratégia freudiana de "desconstrução" da consciência moral: "Outra estratégia de 'desconstrução' foi seguida por Freud, partindo das ciências psicológicas e utilizando a representação psicanalítica da estrutura do psiquismo, ficando então a consciência moral situada entre as pulsões do inconsciente e a censura do superego. Despida primitivamente de qualquer significação moral [...], premida pela angústia em face do superego, donde nasce o sentimento de culpa" (VAZ, 2000, p. 55).

7 Conforme explicitamos no capítulo anterior, o conflito entre o superego e a consciência pode vir a compor a etiologia das neuroses noogênicas.

psíquico que, para Frankl, não reconhece em seu quadro teórico as noções de liberdade, valor e sentido, o superego não poderia, em qualquer caso, estar orientado ao sentido, mas sim, a uma lei instituída psicologicamente (isto é, não aceita livre e espiritualmente).

> No quadro teórico de uma interpretação psicodinâmica da consciência, o ser humano empenha-se na direção do comportamento moral somente no intuito de livrar-se do incômodo de uma consciência pesada ou, para nos atermos a uma terminologia psicodinâmica, o incômodo de um superego insatisfeito. Obviamente, uma tal visão do comportamento moral do homem desvia-se da questão central sobre a verdadeira moralidade, a qual se revela apenas quando o ser humano começa a agir em virtude de algo ou de alguém, e não por si mesmo, isto é, não para ter uma consciência tranquila ou fugir de uma consciência pesada (FRANKL, 2020, p. 61-62).

A passagem acima quer resguardar o caráter de objetividade do sentido e afastar a interpretação de um funcionamento monadológico para as ações humanas, conforme tais temas foram abordados nos capítulos anteriores: paz de espírito nunca poderia, então, ser um fim em si mesmo, sob pena de inautenticidade[8] ou hipocrisia. O "funcionamento" de uma tal consciência não se identifica plenamente com quaisquer ideais humanos de autoconservação, nem de qualquer manutenção homeostática. A verdadeira moralidade, para Frankl, jamais poderá ser subsumida em leituras psicológicas,[9] sejam elas de caráter psicanalítico ou comportamentalista.[10]

---

[8] "Ter uma boa consciência não pode nunca ser a razão do meu ser bom, mas apenas a consequência. Certamente, como diz o ditado, quem tem boa consciência descansa tranquilo; apesar disso, é preciso evitar fazer da moral um sonífero e do ethos um tranquilizante. *Peace of mind* não é uma meta, mas a consequência de nosso comportamento ético" (FRANKL, 1995, p. 101).

[9] "Na esteira da 'desconstrução', a utilização ideológica das ciências humanas encontrou campo livre para as mais diversas leituras reducionistas da consciência moral: hedonismo, utilitarismo, sociologismo, biologismo e outras, responsáveis pelo que denominamos a incrível dispersão semântica do termo nas linguagens contemporâneas" (VAZ, 2000, p. 56).

[10] No caso específico das leituras comportamentalistas, Frankl exemplifica uma cena hipotética, talvez satirizando a forte fonte de pesquisa etológica presente nos diversos behaviorismos: "Pode-se, também, conceber a consciência, meramente, nos termos de um produto de processos condicionantes. Mas, realmente, tal interpretação será apropriada, apenas, ao caso, por exemplo, de um cachorro que molha o carpete e, furtivamente, esconde-se por debaixo do sofá com o rabo entre as pernas. Terá esse cão, de fato, demonstrado consciência? Eu prefiro pensar que o animal manifestou suas temerosas expectativas de punição – o que pode, aí muito bem, ter sido o resultado de processos de condicionamento" (FRANKL, 2011, p. 28).

O comportamento ético autêntico não se deixa "explicar" pelos recortes particulares de uma ciência qualquer, no interior de cujo quadro teórico tais fenômenos seriam sempre lidos como epifenômenos, de uma forma ou de outra, passíveis de uma "explicação" ou de um "esquematismo" causal: em todo caso, a decisão espiritual está sempre fora de questão. Não se trata, portanto, de um "instinto ético".

Os instintos vitais são sempre esquemáticos e têm um funcionamento voltado para o "geral". Isto é, o comportamento instintivo dos animais segue a "lei do maior número", só funciona para situações genéricas, em que o ambiente estimula um funcionamento esquemático que se repete, em maior ou menor grau, em todos os indivíduos da espécie; valendo lembrar que é exatamente para a sobrevivência dessa espécie que se dirigem os instintos: "o instinto vital coloca a individualidade em segundo plano" (FRANKL, 1992, p. 28). Ora, a consciência moral aponta para um alvo que nunca é geral, mas sempre individual e concreto, isto é, aponta para a situação única e personalíssima que desafia, com seu quadro de possíveis, um ser humano particular.

A própria ideia de um "instinto ético" traduz uma contradição em termos, já que a noção de instinto vital se opõe, intrinsecamente, à ideia de liberdade. Nem diante do mundo objetivo do dever-ser, do qual se derivam as possibilidades de sentido, o homem se deixa determinar: no homem, a possibilidade de negação e de afirmação é válida tanto para o comportamento instintivo quanto para a ação moral: "Não existe um instinto moral no mesmo sentido da palavra de um instinto sexual; pois não sou impelido por uma consciência moral, mas tenho que me decidir diante dela" (FRANKL, 1995, p. 112).

Tal liberdade, insistimos, não é cega. Trata-se de um conceito negativo, cuja complementação positiva vem a residir no conceito mesmo de responsabilidade. Falamos aqui do homem como "ser-responsável", que entende que o significado último de sua liberdade consiste em "responder" pela própria vida, realizando os sentidos únicos e potenciais de cada situação vivida. Assim, só um ser livre e responsável poderá sentir culpa. Nesse sentido, Frankl retoma o conceito teológico do chamado *mysterium iniquitatis*,[11] interpretando-o como a impossibilidade de "explicação" de uma falta, de um crime, através de possíveis causas biológicas, psicológicas ou sociológicas: "Explicar totalmente o crime de alguém seria o mesmo que eliminar sua culpa e vê-lo não como uma pessoa humana livre e responsável, mas como uma máquina a ser consertada" (FRANKL, 1985a, p. 126). Nesse raciocínio, Frankl sempre defendeu, com Scheler, o "direito" de o ser humano expiar a própria culpa e crescer interiormente para além dela[12] (FRANKL, 1978, p. 115).

Reflitamos, agora, sobre o questionamento de Foulquié:

> A laicização da moral tornou bastante difícil, senão impossível, o fundamento do dever. Mas, enquanto se admite, para o ser racional que somos, a faculdade de erguer-se à concepção de uma ordem ideal, permanece sempre a possibilidade de indicar às almas ávidas de perfeição o objetivo a atingir, de apresentá-lo aos outros como desejável. Rejeitando como vãs construções do espírito todo o mundo ideal, *os existencialistas chegam a esta dolorosa contradição de precisarem escolher sem qualquer princípio de escolha, sem nenhum padrão que lhes permita julgar se escolheram bem ou mal. Eis o fundamento da angústia existencialista* (FOULQUIÉ, 1961, p. 50, grifos nossos).

Estaria, realmente, o homem só diante da angústia da escolha? Em outras palavras, como a liberdade "de" – consequência primeira do homem

---

11 "Em presença dessa liberdade radical, é fácil compreender com que razão a teologia fala de um *mysterium iniquitatis*. Visto que, em última análise, nossas decisões são livres, seria impossível determiná-las completamente ou esclarecê-las pelo pandeterminismo sem que permanecesse um resíduo de mistério. E se não houvesse mistério algum, então não seríamos nem livres, nem responsáveis e não haveria igualmente culpa, pois não encontraria justificativa" (FRANKL, 1978, p. 175).

12 Frankl, de fato, teve a oportunidade de fazer essa exortação na célebre visita que fez, em 1966, à Penitenciária de San Quentin (Califórnia, Estados Unidos), fato marcante na vida do autor, pelos desdobramentos gerados após o evento. Quanto à ocasião, Frankl comenta: "O que lhes falei [aos prisioneiros], no entanto, não foi nada de extraordinário. Eu, simplesmente, os tomei como seres humanos, não como máquinas a serem consertadas. Eu os compreendi da mesma maneira através da qual eles sempre entenderam a si próprios: como seres humanos sujeitos à liberdade e à responsabilidade. Eu não lhes legitimei uma escusa barata para livrá-los de seus sentimentos de culpa, explicando-os como vítimas de processos condicionantes de natureza biológica, psicológica ou sociológica. Tampouco os tomei como indefesos peões no tabuleiro de batalha entre id, ego e superego. Em suma, numa condição de igualdade, eu não forneci um álibi, nem procurei remover a culpa que eles poderiam sentir. Eles compreenderam que era uma prerrogativa humana fazer-se culpado e que, também, era uma responsabilidade do homem superar esta culpa" (FRANKL, 2011, p. 16).

como ser espiritual – apontaria a uma liberdade "para"? Como vimos, para Frankl, os valores histórico-morais não teriam uma gênese tão caótica como se possa, a princípio, supor. Constituem eles delimitações metafóricas de "áreas" de realizações únicas de sentido, estes, sim, representados – conforme vimos – como pontos (únicos, irrepetíveis e, na representação geométrica, adimensionais). Os valores dizem respeito a um patrimônio histórico do modo especificamente humano de agir no mundo, que é através da busca de sentido, realizando sua liberdade através da atualização de seu "ser-responsável". É desse ponto de vista que Frankl defende o caráter criativo da consciência. De modo reiterado, a consciência individual guia o indivíduo a fazer algo que contradiz os padrões estabelecidos de moralidade – os valores – de seu lugar histórico e social. Frankl vê aí – para além dos condicionantes histórico-sociais e a partir deles – que é a consciência humana a iniciadora de "revoluções", na medida em que constitui o ponto de partida para que sentidos únicos, de situações parecidas no curso da história, venham a tornar-se valores: "O sentido único de hoje é o valor universal de amanhã. É desse modo, que as religiões são criadas e que os valores evoluem" (2011, p. 82).

No entanto, ao entendermos a consciência moral como "geradora de responsabilidade" (FRANKL, 2003b), poderemos chegar à seguinte reflexão: que fundamento último[13] pode vir a legitimar a consciência moral como guia, como critério de escolha, tendo em vista o caráter contingencial e de unicidade de cada situação sobre a qual ela agirá? Isto é, como a finitude de nossa condição humana pode chegar a essa "não solidão" em escolher? Antes de adentrarmos a resposta "metaclínica" dada por Frankl a tal questionamento, cabe aqui um esclarecimento a respeito da logoterapia enquanto técnica. O objetivo terapêutico da logoterapia é o de promover no paciente a consciência de sua responsabilidade (FRANKL, 2011, p. 196). No entanto, Frankl sempre deixou claro que caberá, em todo caso, ao próprio paciente a interpretação tanto do "perante-quem" (*das Wovor*) último diante do qual se sente responsável – se diante da humanidade, da própria consciência ou de Deus – quanto do "pelo-quê" (*das Wofür*) específico de cada situação que clama por sua responsabilidade (em outras palavras, o logoterapeuta

---

13 No entendimento da logoterapia, aceitar tal fundamento na imanência foi o que a psicanálise freudiana tentou fazer, ao formular o superego em sua teoria sobre o aparelho psíquico.

nunca poderia "prescrever sentido"[14]). Por princípio, a solução para esses questionamentos é privativa do próprio paciente: "A responsabilidade da pessoa humana, considerada como conceito antropológico central, significa também, entretanto, um conceito ético-limite, ou seja, um conceito que ainda é neutro,[15] a partir da perspectiva ética" (FRANKL, 1995, p. 21).

Concluído esse breve esclarecimento de ordem técnica, voltemos ao tema do caráter transcendente da consciência. A fim de iniciar sua argumentação, o pai da logoterapia parte de um dito da romancista austríaca Marie von Ebner-Eschenbach: "Sê senhor da tua vontade e servo da tua consciência!". A primeira parte desse imperativo reflete a condição originária de liberdade do homem: ser senhor da "própria vontade". Quanto à segunda parte do imperativo, surge a questão: que legitimidade normativa teria este fenômeno da consciência? Frankl defende que esse caráter imperativo da consciência – da qual devemos "ser servos" – só pode resultar do fato de que o homem, em sua autocompreensão, vem a experimentar tal fenômeno como algo que transcende a mera condição humana. Isto é, essa autocompreensão tenderia a interpretar a própria existência a partir da transcendência: apenas no reconhecimento de que a consciência constitui algo para além do eu, como "porta-voz de algo distinto de mim", é que seu caráter normativo se vê, para Frankl, legitimado.

Para o pai da logoterapia, a consciência moral, em contraposição ao superego, não pode ser devidamente compreendida em sua facticidade psicológica. O homem "ouve" algo como a "voz da consciência", mas não é do próprio homem que "provém" a voz. Na verdade, não se trataria, propriamente, de uma "voz da consciência", já que "a consciência não poderia 'ter voz'", pois "ela própria 'é' a voz, a voz da transcendência. Esta voz somente é ouvida pelo homem, ela não provém dele; ao contrário, somente o caráter

---

14 "Como regra, no entanto, o psicoterapeuta não deverá impor uma *Weltanschauung* ao paciente. O logoterapeuta, nesse sentido, não é exceção. Nenhum logoterapeuta afirmou que tem as respostas. Não foi um logoterapeuta, mas 'a serpente' que disse à mulher 'você será como Deus, que conhece o Bem e o Mal'. Nenhum logoterapeuta teve a pretensão de saber o que é um valor ou não, ou o que tem ou não sentido" (FRANKL, 2011, p. 87).

15 Frisando, com o próprio Frankl: "Responsabilidade é, sob o prisma ético, um conceito formal: não encerra ainda, de *per si*, quaisquer determinações de conteúdo" (FRANKL, 2003a, p. 307). O logoterapeuta deve parar aí: a vivência radical da responsabilidade originária constitui a meta terapêutica, pois se pressupõe que "basta que o homem chegue aí para que possa dar – uma vez efetivada aquela revolução copernicana de que falamos – uma resposta, a um tempo concreta e criadora, ao problema do sentido da existência" (FRANKL, 2003a, p. 308).

transcendente da consciência faz com que possamos compreender o homem" (FRANKL, 1992, p. 41). Logo, com essa "voz", não deveria haver algo como um monólogo. Essa experiência, pelo contrário, deve apontar ao homem algo distinto dele mesmo e, nesse movimento, é que o homem pode compreender a própria existência a partir da transcendência: "Sob este ângulo, o termo 'pessoa' adquiriria um novo significado, pois agora podemos dizer: através da consciência da pessoa humana *per-sonat* uma instância extra--humana" (*idem*). O latinismo intencional de Frankl deve ser compreendido na acepção de "soar através de", de "retumbar". Isto é, uma região extra--humana ressona através da consciência moral.

Assim como o umbigo humano, que, analisado em si, sem a referência a algo de anterior que o transcenda, pareceria algo sem sentido e despropositado, a explicação de uma gênese da consciência moral do homem num plano meramente psíquico falha.[16] As "explicações" psicológicas para tal fenômeno permanecem, para Frankl, vãs, pois, em seu entendimento, a consciência só se mostra inteligível quando interpretada a partir de uma região para além do homem. Para compreendermos a condição humana de liberdade, "é suficiente basear-nos na sua existencialidade, porém, *para explicar a condição humana de ser responsável, precisamos recorrer à transcendentalidade de ter consciência*". Nesse raciocínio, a consciência seria "o lado imanente de um todo transcendente" (*idem*, p. 42, grifos nossos). Questionando radicalmente o "perante quê" da responsabilidade do homem, Frankl chega à tese da *irredutibilidade ôntica* da consciência: "Para a problemática sobre a origem da consciência, não há nenhuma saída psicológica ou psicogenética, apenas uma resposta ontológica" (*idem*, p. 44). É aí que, para o pai da logoterapia, "o questionamento ético se transforma em religioso".

Para Frankl, o homem irreligioso seria aquele que toma sua consciência na mera facticidade da dimensão psicológica, ignorando seu caráter essencialmente transcendente. Aceitando tal fenômeno na imanência, o homem irreligioso – que, obviamente, também experimenta a liberdade, a responsabilidade e o sentido – crê, contudo, que a consciência que lhe fala seja

---

16 "Por conseguinte, a consciência nunca pode ser projetada sem violência do âmbito do espiritual para o plano do psíquico, como tentam fazer em vão todas as 'explicações' psicológicas" (FRANKL, 1992, p. 42).

algo fundamentado em seu próprio ser. Ele não questiona além, não "pergunta pelo que é responsável, nem de onde provém sua consciência" (*idem*); não vai adiante, deixando de reconhecer que, para além do fato psicológico imanente, há a referência ao Absoluto, ao Todo transcendente, a que se nomeia Deus. Isto é, o homem irreligioso interpreta sua consciência como instância última, ao passo que o homem religioso a compreende como a penúltima, aquela que antecede esse "perante quê" da responsabilidade. A imagem que Frankl nos fornece para ilustrar essa ideia (*idem*, p. 43) é a de um montanhista – o homem em busca de sentido – que, em sua jornada, chega ao pico imediatamente inferior ao mais alto, lá parando. O cume mais alto se esconde na neblina, é invisível a ele, que para, exatamente, por não querer "perder o chão firme sob seus pés" (*idem*). Para Frankl, só a pessoa religiosa assume esse risco: a fé – como aprofundaremos mais adiante – é um ato de decisão.

Retomando o questionamento já feito acima, sobre a finitude da condição humana e a não solidão diante da escolha, Frankl insiste em que o eu jamais poderia funcionar como o próprio legislador ético: "Em última análise, não pode haver nenhum 'imperativo categórico' autônomo, pois todo imperativo categórico recebe sua legitimação exclusivamente da transcendência, e não da imanência" (*idem*, p. 44). Por trás de todo querer, existe um dever-ser ontologicamente anterior: nós não inventamos o dever-ser. Somos, pelo contrário, interpelados pela sua preexistência. Em outras palavras, para Frankl, não poderia haver o que chamamos de *solipsismo axiológico*:

> Ser livre é pouco, ou nada, se não houver um 'para quê'. Porém, também ser responsável não é tudo, se não soubermos perante que somos responsáveis. Por conseguinte, da mesma forma que não podemos derivar dos impulsos (id) a vontade (eu), não podemos derivar do 'querer' (*Wollen*) o 'dever' (superego) 'já que', recordando as belas palavras de Goethe 'todo querer é apenas um querer, precisamente porque deveríamos fazê-lo', ou seja, todo ato da vontade pressupõe uma noção do que se deve fazer. Todo dever (*Sollen*), apesar de todo ato de querer (*Wollen*), de alguma forma, está sempre pressuposto. *O dever precede ontologicamente o querer*. Da mesma forma como só posso responder se me perguntarem, como toda resposta torna necessário um 'a quê', e este 'a quê' tem que ser anterior à resposta em si, o 'perante quê' de toda responsabilidade é anterior à própria responsabilidade (*idem*, p. 45, grifos nossos).

Isto é, a vontade livre do querer humano já é previamente inclinada para uma possibilidade de valor, para um dever-ser. Uma questão crucial aqui é a de que Frankl atribui à consciência moral, entendida sob o ponto de vista da transcendência, o papel de sintonizar o *logos* supratemporal – o universal do bem – com uma situação histórica concreta e única experimentada pelo indivíduo. O autor sustenta tal posição mesmo reconhecendo o caráter de finitude de nossa consciência: a falibilidade desta deve ser aceita. Contudo, se o homem pretende ser fiel à sua humanidade, não terá ele guia mais autêntico do que a própria consciência, a qual, para Frankl, é o verdadeiro intérprete da vida:

> Esta [a consciência] deve 'adivinhar'; sua tarefa essencial é a sincronização da lei eterna universal com um caso singular que não se deixa subordinar a nenhuma regularidade. O saber, o intelecto, não são capazes de executar tal tarefa, que compete à intuição, à divinação da consciência. De que serviriam leis e decretos? Na mesma proporção em que a consciência – o que existe de menos burocrático – se subtrai a tudo isso, sua exatidão e severidade se tornam mais fidedignas. Nenhum tribunal do mundo consegue inquirir tão minuciosamente e sentenciar tão duramente (FRANKL, 1978, p. 250).

Frankl, nesse estado de coisas, "subverte" a teoria psicanalítica, ao afirmar que não há um eu ideal por detrás do superego: "Na realidade, Deus não é uma imago de pai, mas o pai é uma imago de Deus" (FRANKL, 1992, p. 46). O que há é o Tu de Deus[17] (na acepção dialógica de Martin Buber) por detrás da consciência moral. Para Frankl, a psicanálise errava ao derivar a consciência da instintividade do id: "o ego puxa-se a si mesmo pelos cabelos do superego para sair do pântano do id" (*idem*, p. 45):

> A responsabilidade faz parte dos fenômenos irredutíveis e indedutíveis do homem; a responsabilidade, assim como a espiritualidade e a liberdade, é um fenômeno originário e não um epifenômeno. Diante disso, a psicodinâmica tenta reduzir os fenômenos primários a instintos, enquanto a psicogenética procura deduzi-los de instintos, como não só se pudesse derivar o ego do id, mas também se pudesse reduzir o superego ao ego; desse modo, derivar-se-ia primeiro a *vontade dos instintos*, o *querer da necessidade* e depois o *dever do querer*, sem levar em conta que a consciência remete a algo que transcende o homem[18] (FRANKL, 1995, p. 110, grifos nossos).

---

17 "Deus é o protótipo de toda paternidade. Apenas do ponto de vista ontogenético, biológico e biográfico, o pai é primeiro; ontologicamente, porém, Deus está em primeiro lugar. Assim, psicologicamente, a relação filho-pai é anterior à relação homem-Deus, porém, ontologicamente, esta relação não é modelo, mas sua imagem" (FRANKL, 1992, p. 46).

18 Cabe, aqui, frisar a ressalva de que os instintos também têm um papel crítico na dinâmica existencial da aspiração ao sentido, já que, nessa busca, sempre há "uma instintividade integrada, na medida em que, como dissemos, os instintos se introduzem na aspiração aos valores como

É a partir daí que Frankl critica a noção de liberdade em Jean-Paul Sartre[19] (1905-1980), afirmando que, na visão do mencionado pensador, o homem projeta seu dever-ser no nada, numa tentativa de criar o homem a partir do homem, sem modelo preexistente algum. Frankl frisa a semelhança de tal noção com um antigo truque indiano, em que um faquir faz crer que está subindo por uma corda que fora arremessada livremente no ar. Nesse raciocínio, fica clara a posição do pai da logoterapia em concluir que uma imagem adequada do homem jamais será satisfatoriamente concebida, se o ser humano for completamente compreendido na imanência:[20] "A supressão de realidades metafísicas, tal como é praticada pela psicologia acadêmica, não permite uma caracterização adequada do 'objeto de pesquisa' homem", de modo que "justamente por isso, a logoterapia inclui elementos metafísicos na sua antropologia", explica Lukas (2002, p. 18). A logoterapia critica um traço geral de alguns pensadores existencialistas, ao acusá-los de um antropocentrismo imanentista:

> A antropologia, sendo o que é, coloca necessariamente o homem em primeiro plano. Não precisa, todavia, colocá-lo no centro. É, no entanto, precisamente o que faz ao tentar interpretá-lo partindo dele mesmo, tomando-o por medida de si mesmo. No momento em que se agarra, assim, à imanência humana, petrifica-se em antropologismo. Analogamente, a filosofia existencial (a teoria da existência humana) degenera em existencialismo ao procurar excluir a transcendência e a 'transcendentalidade' (tendência da existência humana à transcendência) (FRANKL, 1978, p. 259).

---

energia alimentadora; e por mais que se trate, de um ponto de vista meramente biológico, de energia instintiva, utilizada com o fim da redução da [tensão] da instintividade, ela própria não pode se derivar novamente da instintividade" (FRANKL, 1995, p. 111).

19 A logoterapia "absolve o homem, mas não só o absolve, como também o responsabiliza". "E exatamente nisso a análise existencial se distingue de maneira essencial de qualquer filosofia existencial, sobretudo do existencialismo francês; pois a responsabilidade já implica um 'pelo *quê* se é responsável', e, segundo a teoria da análise existencial, aquilo por que o homem é responsável constitui a realização de sentido e de valores. Assim, pois, a análise existencial considera o homem como um ser orientado ao sentido e que aspira a valores, em contraposição à concepção psicanalítico-psicodinâmica habitual, que considera o homem como um ser que, em primeiro lugar, é determinado pelos instintos e aspira ao prazer" (FRANKL, 1995, p. 100).

20 "A elevação do humanismo só pode ser evidenciada se a transcendência da existência for evidenciada. [...] Uma imagem correta [do homem] rompe não só com a facticidade, como também com a imanência. Uma ideia do homem limitada à imanência não está completa" (FRANKL, 1978, p. 269-270).

Frankl, como vimos, afirma que o homem deve estar em primeiro plano, mas não deve ser posto no centro. Percebe-se toda uma identificação da crise do humanismo com esse esvaziamento da tendência humana à transcendência: "Nossa crítica do niilismo consistiu em comprovar que, segundo essa concepção, o homem se tornou um nada. Já a crise do humanismo se originou do fato de que o homem passou a ser tudo"[21] (*idem*, p. 257). Essa mesma denúncia é magistralmente colocada por Vaz, na análise do progressivo esforço filosófico em esvaziar do conceito de *pessoa* sua referência transcendente, num "clima espiritual de niilismo":

> [...] juntamente com a imensa e aparentemente irresistível vaga que eleva ao mais alto cimo das aspirações da sociedade moderna o valor da *pessoa* e a exigência de sua *realização* nos campos cultural, político, jurídico, social, pedagógico, religioso, ela assiste ao longo desfilar das filosofias que, ou dissolvem criticamente a noção de *pessoa*, ou minam os fundamentos metafísicos com que fora pensada na tradição clássica, repensando-a segundo os cânones da nova metafísica da subjetividade (VAZ, 1992, p. 194).

Na mesma obra, Vaz demonstra como, na tradição, a categoria "espírito" não viria a constituir uma dimensão, exclusivamente, antropológica. O filósofo mineiro afirma que, como a noção de espírito vai além dos limites do campo conceitual da antropologia, a referência de tal categoria ao homem se dá por uma via de "analogia de *atribuição*", termos em que o homem constitui o analogado inferior, do Espírito Infinito, do Absoluto, ou, em Frankl, de "Deus". A partir de então, compreende-se que é através do espírito que o homem participa do Infinito, numa abertura à totalidade do real, ou tem "indelevelmente gravada em seu ser a marca do Infinito" (*idem*, p. 202). Segundo Vaz, na tradição, vê-se a imagem da contração da plenitude do Ser no homem, que, enquanto tal, participa do espírito, não podendo este, logo, "ser considerado, em sua amplitude transcendental, uma estrutura ontológica

---

21 O projeto do humanismo de Frankl pode ser mais bem compreendido a partir da seguinte passagem: "A antropologia deve colaborar na concretização desse traço transcendental do modo de ser do homem, e pode fazê-lo renunciando a tentar compreender inteiramente o homem a partir do próprio homem. Só então será capaz de anular o niilismo e constituir uma base sobre a qual se edificará o humanismo. Resumindo: a antropologia tem de permanecer aberta – aberta para o mundo e o transmundo [*Überwelt*]. Tem de deixar a porta aberta à transcendência, por onde passa, contudo, a sombra do absoluto" (FRANKL, 1978, p. 261).

do homem irrevogavelmente ligada à sua contingência e finitude, como o são o somático e o psíquico" (*idem*). Numa primeira análise, não pareceria haver diferença entre um tal estado de coisas e a relação tradicional da filosofia com o Absoluto. No entanto, deve-se levar em consideração a forte presença da orientação de Scheler no pensamento de Frankl, principalmente, no tocante ao presente tema. Em sua apresentação à obra de Scheler, *A posição do homem no cosmos* (2003), Marco Casanova alega que, em tal pensador, "a intelecção das essencialidades e a das conexões essenciais não são assumidas sem mais como subsistentes por si mesmas", o que nos leva a concluir que "a relação cognitiva com o absoluto e com o ser repousa sobre uma *experiência que tem lugar no próprio homem*"[22] (2003, p. VI-VII, grifos nossos).

É, exatamente, na perspectiva dessa experiência, que toma lugar a "voz" da consciência moral, através da qual Frankl chega a designar Deus como "o interlocutor de nosso diálogo interior mais íntimo", em nossos momentos de "solidão última". A ideia de "diálogo", que Frankl diz usar nos termos buberianos, remete a um âmbito de envolvimento dessa ordem: a transcendência ressona, como vimos, e o homem também recorre, também se permite falar a essa transcendência:

> Na prática, isto [o diálogo interior mais íntimo] quer dizer que quando alguém, na sua mais completa solidão e com o máximo de honestidade para consigo mesmo, pensa e fala no plano da interioridade, está se dirigindo verdadeiramente a Deus (*tibi cor meum loquitur*). Pode ser crente ou ateu, pouco importa, porque 'operacionalmente', Deus se define, como aquele com quem, de uma maneira ou de outra, nós falamos. O crente se diferencia, portanto, do ateu apenas por não admitir a hipótese de que está falando consigo mesmo; acha, pelo contrário, que suas palavras alcançam alguém que não é idêntico a ele (FRANKL, 1978, p. 258).

Para Frankl, pode-se conceber tal atitude de três maneiras fundamentais. Nas situações em que trava essa experiência (geralmente, as situações-limite; ou na própria vivência da oração[23]), o homem pode achar

---

[22] A título de antecipação, a fórmula de Frankl para o tema parece ser: "Embora seja certo que o homem não pode ser compreendido senão a partir de Deus, não é menos certo que frequentemente o acesso a Deus só pode ser encontrado a partir do homem" (FRANKL, 1978, p. 274).

[23] Sobre o tema da oração, Frankl comenta: "Só a oração é capaz de fazer Deus resplandecer momentaneamente em seu caráter de tu – o tu divino como tu: ela é o único ato do espírito humano que consegue presentificar Deus como tu" (FRANKL, 1995, p. 112-113).

que está, verdadeiramente, falando consigo mesmo, num inusitado solilóquio. Pode, aí, pensar, também, que tem o Absoluto, Deus, como seu interlocutor. Numa terceira interpretação, o homem acredita que fala sozinho diante do nada. Como já visto, a posição de Frankl vai no sentido de uma *experiência pessoal* de transcendência: "O homem precisa de solidão para perceber que não está sozinho, que nunca esteve sozinho; deve ter solidão para verificar que a sua fala consigo mesmo é e sempre foi um diálogo" (*idem*, p. 272). Retomando a filosofia de Buber, Frankl rememora que o Diálogo é que é fundante: profere-se a palavra-princípio Tu antes mesmo de ter-se reconhecida qualquer noção de Eu. E quando, aparentemente, não há mais alguém a quem recorrer ou com quem se falar, quando o homem parece pronunciar suas palavras de maior aflição diante do nada, é que fala ele com o Tu eterno.[24] Essa é a "presença ignorada de Deus" no pensamento de Frankl: trata-se de um Tu eterno porque o homem, mesmo que de maneira inconsciente, sempre se dirigiu a esse Tu, e esse Tu sempre falou ao homem: "A primeira palavra que dizemos a esse Tu já é uma resposta" (*idem*).

Frankl "reposiciona" Deus de acordo com a ordem dos valores, consolidando-Lhe um lugar na ética e na ontologia: "Ou bem o homem se concebe como a imagem de Deus, ou degenera numa caricatura de si mesmo" (*idem*, p. 270). Fica claro que, nesse raciocínio, uma *inventio hominis* redundaria, sempre, numa *imitatio Dei*, para conservar os latinismos do autor. Inverte-se a lógica de que Deus seria uma superimagem criada pelo próprio homem, como já vimos na alusão à crítica da logoterapia ao superego freudiano: "É Deus uma descoberta ou uma invenção do homem? Porque se o homem é uma invenção de si mesmo, tanto mais será invenção o modelo tomado por base de semelhante invenção" (*idem*, p. 268). Deus aparece como a "pedra angular" de toda a hierarquia e ordem de valores.

O projeto do devir humano está ligado a esse relacionamento pessoal com o Absoluto: há uma negação específica de um antropocentrismo que postule que o homem pode inventar-se a partir de si mesmo. É assim que

---

24 Frankl cita Hans Ohly e Peter Göpfert: "A falta de sentido leva à lamentação. A quem reclamamos esta falta de sentido? Em nossa lamentação, nós sempre pressupomos – se crentes ou não – um sócio, alguém ao lado. A linguagem da religião tem para este alguém ao lado uma palavra: Deus" (GÖPFERT & OHLY *apud* FRANKL, 1981, p. 59).

Frankl faz referência (*idem*) a uma obra do cartunista romeno Saul Steinberg (1914-1999), em que se vê um homem que desenha o próprio contorno com um lápis na mão. Para o pai da logoterapia, o homem não seria capaz de "traçar" seu próprio "esboço" sem obedecer a um projeto. Isto é, na tentativa de traçar os próprios limites, de dar-se a si mesmo a própria forma, o desenhista de si acaba por perder-se na fronteira de sua finitude: Frankl entende que tal modelo deve ser preexistente e relaciona-o ao Absoluto. Achamos pertinente a reprodução de tal *cartoon* aqui:

(STEINBERG, 1948)

O próprio ato de valoração já pressupõe um valor absoluto, um valor máximo enquanto tal; a ideia de um *summum bonum*, que acaba sendo vinculado a uma pessoa: somente a um ser pessoal poderia atribuir-se essa particular supremacia. Retoma-se a tese scheleriana de que o valor mais alto deve ser um valor pessoal.[25] Nesse sentido, Deus aparece como uma espécie de "suprapessoa". A "relatividade" dos valores, logo, se refere não ao sujeito da valoração, mas a um *totum* que serve de base a qualquer ato dessa espécie; sempre há um "em relação a quê" valorar: "O absoluto, o incondicionado,

---

25 "Reiteremos: somente de um valor máximo absoluto, de uma pessoa de valor absoluto – Deus – recebem as coisas um valor. Somente quando as convocamos ao tribunal divino, ainda que inconscientemente, somos capazes de dar valor às coisas, dar-lhes o valor que a elas corresponde. Sem sabê-lo, inconscientemente, pressupomos em todo ato de valorar a pessoa de valor absoluto, o árbitro divino" (FRANKL, 1978, p. 262).

não constitui tão somente a condição prévia de toda valoração e medição; é ele que torna possível a percepção dos valores" (FRANKL, 1978, p. 268). Frankl faz uso analógico de um experimento efetuado por Rudolf Allers, no qual investigações sensório-fisiológicas demonstraram que "na apreciação do grau de intensidade de uma cor, partimos inconscientemente de uma intensidade de cor máxima que, em si, nunca chega a ser objeto de uma experiência" (*idem*). Isto é, jamais chegaremos a ver algo como um amarelo cem por cento, mas tal matiz permanecerá, inconscientemente, como referencial de identificação, como condição de possibilidade de minha experiência dos diversos "amarelos". Todos os valores são sempre relativos àquilo que se funda como não relativo:

> As coisas são, pois, relativas, mas não no sentido advogado pelos seguidores do relativismo. São relativas ao não-relativo. *E o sistema de relações das relações de valor é Deus*. Daí resulta que Deus não pode ser um fator qualquer, nem sequer um fator infinito da ordem das coisas. Ele é a ordem das coisas. O sistema de relações, por sua vez, tem de ser incomensurável: não pode ser medido ou comparado, ele é o 'completamente outro'. Deus não se encontra em nenhuma dimensão, simplesmente porque Ele é a dimensionalidade de qualquer relação de valores. Assim como o ponto de fuga se localiza fora do quadro, tornando possível a perspectiva, assim o espaço em que se move a transcendência está além do plano da imanência pura, ainda que a constitua (*idem*, p. 263, grifos nossos).

Não constitui o objetivo deste trabalho elucidar, a partir das "lições metaclínicas" de Frankl, a totalidade de sua particular teologia filosófica. Bastar-nos-á, nesse instante, entender que, no escopo teórico da logoterapia, nem o homem, tampouco a ação moral, podem ser entendidos plenamente na imanência, e que a inclinação ontológica para o transcendente se dá através de uma experiência, em última instância, pessoal. Frankl se mantém na postura de evidenciar Deus como inconcebível e indizível, na mesma medida em que só pode ser crível e vivenciável. A própria fé só toma lugar diante de duas possibilidades lógicas equivalentes: crer e não crer são posturas igual e legitimamente possíveis. Apenas um movimento livre, um "pôr o próprio peso" por sobre um dos dois pratos da balança equilibrada é que poderá justificar tal fenômeno (*idem*, p. 138).

Deve-se ficar claro que, diante dessa noção de experiência de transcendência, não se pode identificar a experiência religiosa com qualquer tradição confessional específica. Frankl alerta para que não haja identificação do Absoluto com o símbolo; aquele deve ser entendido "no" símbolo, mas nunca confundir-se com ele.[26] Como na metáfora do céu à noite, que não se deixa ver nem mesmo com o uso de iluminação das mais potentes. Pode-se enxergar, ocasionalmente, uma nuvem, que só confirmará que não é o céu que se vê ali. Essa mesma nuvem que se deixa ver, no entanto, aparece como símbolo do céu invisível. O homem precisa desses símbolos. Contudo, sua fé deve ser firme, não rígida. A concepção de religiosidade no pensamento de Frankl se mostra, de fato, abrangente e neutra, pois busca englobar até o agnosticismo e o ateísmo.[27] De uma maneira mais geral, o pai da logoterapia concorda com os pensamentos de Paul Tillich (FRANKL, 1992, p. 62), de Albert Einstein (FRANKL, 2011, p. 186) e de Ludwig Wittgenstein (FRANKL, 1981, p. 58), para os quais o fenômeno religioso se relaciona, essencialmente, com a pergunta pessoal pelo sentido da vida. Frankl, como veremos, compreende que a religiosidade se funda na busca pelo "sentido último".

Há, na obra frankliana, toda uma crítica à corrente estreiteza com que Deus tem sido "esquematizado" pelas religiões: como um ser que, basicamente, só deseja "que o maior número possível de pessoas creia nele e ainda bem do jeito prescrito por uma denominação determinada". Sobre tal estado de coisas, Frankl comenta: "Simplesmente, não consigo achar que Deus seja tão mesquinho" (FRANKL, 1992, p. 63). A própria exigência de fé soa como a mais infundada e absurda das pretensões.[28] Num trecho de entrevista que concedera à revista americana Time, respondendo a uma pergunta sobre

---

26 "Retomando o tema do símbolo, verificamos que a distância, para não dizer abismo, entre o objeto a ser simbolizado, por um lado, e o que será usado como símbolo, por outro, aparece de forma mais acentuada quando se trata do supra-Ser. Mesmo assim, não seria justo abster-se de qualquer simbolização somente porque o símbolo jamais pode coincidir com aquilo que representa" (FRANKL, 1992, p. 85).

27 "E se a Logoterapia não concebe da mesma forma o fenômeno desta fé como crença em Deus, mas a concebe como uma mais ampla crença no sentido, então é inteiramente legítimo que ela não se ocupe apenas com a 'vontade de sentido', mas também com a vontade de um sentido *último* – um super-sentido. *A fé religiosa é, no fim, uma crença no super-sentido*" (FRANKL, 1981, p. 58, grifos nossos).

28 "Afinal, não posso *querer* crer – assim como também não posso querer amar, isto é, forçar-me a amar, da mesma maneira como não me posso forçar a ter esperança, quando tudo evidencia o contrário. [...] Algo análogo se dá com o amor e com a fé: não podem ser manipulados. Eles somente surgem como fenômenos intencionais quando se deparam com conteúdo e objeto adequados" (FRANKL, 1992, p. 63).

uma possível tendência contemporânea a um certo distanciamento quanto à religião, Frankl respondeu – acentuando sua concepção de religiosidade – que a tendência deveria ser o afastamento não da religião, mas "daquelas denominações que parecem não ter outra coisa que fazer senão combater-se mutuamente e fazer proselitismo uma na outra" (*idem*). Questionado sobre a possibilidade de tal posicionamento remeter a algo como um encaminhamento a uma religião *universal*, respondeu: "Isto eu neguei: ao contrário, disse eu, não estamos caminhando em direção a uma religiosidade universal, mas antes para uma religiosidade pessoal, profundamente personalizada". O psiquiatra vienense compreendia as diferentes religiões como idiomas distintos,[29] em meio aos quais relações de "superioridade" se quedariam descabidas: "Em cada língua, o ser humano pode achegar-se à verdade – à mesma verdade una, e em cada língua ele pode errar e até mentir" (*idem*).

De fato, Frankl define a religião como a "realização de uma 'vontade de sentido último'" (*idem*, p. 89). No capítulo "O mundo e o sentido", chegamos a dizer que, naquele momento, afastávamos a concepção de um sentido totalizante ou arrebatador na expressão "sentido da vida". De fato, como vimos, trabalhamos ali a ideia do sentido concreto e atual, na concretude atual da existência. Mas, para além do sentido irrepetível de uma dada situação histórica no aqui e agora, que assume, dada a condição inalienável da própria vida, o caráter de missão, há o autêntico questionamento humano sobre o que, em logoterapia, se entende por "sentido último", "suprassentido", ou "supersentido":[30] "A finitude do espírito humano faz com que somente lhe seja acessível, em cada caso, um sentido particular". Nesse caso, o sentido do todo "excede a capacidade perceptiva do homem, e 'à procura de sentido' só pode corresponder um conceito-limite, como o 'supersentido'. Neste ponto, o saber cede diante da fé" (FRANKL, 1978, p. 47). Frankl faz uma analogia do conceito de suprassentido com os postulados kantianos sobre a razão. Trata-se, concomitantemente, de uma necessidade

---

29 "O homem é o ser capaz de criar símbolos; um ser que necessita de símbolos. As religiões do homem – assim como suas linguagens – são sistemas de símbolos e, nesse sentido, o que vale para a linguagem também vale para a religião. Isto é, ninguém tem o direito de dizer, do alto de um complexo de superioridade, que uma linguagem é superior a outra, pois, em cada linguagem, é possível chegar à verdade – àquela verdade una – assim como, em cada linguagem, é possível errar e, até mesmo, mentir" (FRANKL, 2011, p. 190).

30 Variações de tradução para o vocábulo alemão "*Übersinn*".

e de uma impossibilidade do pensamento (FRANKL, 2003a, p. 61): essa antinomia[31] só pode ser contornada pela fé.

A ideia de um suprassentido diz respeito à possibilidade axiológica suprema; Lukas[32] a delimita como "o sentido do sentido e o sentido do não sentido", como o "bem que não precisa do mal para ser bom em contraste com ele", ou "o bem em si" (1989b, p. 165). O argumento de Frankl é o de que a fé nesse suprassentido é transcendental, na acepção kantiana, oferecendo-nos a imagem de um muro, para além do qual não podemos recuar. Trata-se de um conceito sobre o qual não podemos inquirir sem já, desde antes, pressupor: sempre que tentarmos responder à pergunta pelo "sentido do ser", já pressuporemos o "ser do sentido" (FRANKL, 1992, p. 61). Do mesmo modo como não podemos inquirir sem pressupor – como regra *a priori* do pensamento – as categorias de tempo e espaço, "o ser do homem sempre já é em função de um sentido" (*idem*), mesmo que não o conheça, ou o compreenda intelectualmente. Trata-se de uma das teses mais antigas de Frankl, formulada aos seus dezesseis anos: ainda que inconscientemente, cada ser humano crê nesse suprassentido enquanto vive (FRANKL, 1981, p. 116).

> Mesmo que o não queira, que não o reconheça, o homem acredita no sentido, até o último suspiro. E é assim também no caso do suicida, que afinal crê em um sentido: não decerto no sentido da vida, no sentido de continuar vivendo; mas sim no sentido da morte. Não acreditasse ele realmente em sentido algum, deixasse ele de crer em qualquer tipo de sentido, não poderia ele propriamente mexer um dedo e não daria sequer um passo para o suicídio (FRANKL, 2003a, p. 299).

O suprassentido é o correlato dimensional do sentido para o que Frankl compreende como o Ser último, Deus, a pedra angular dos valores. O pai da logoterapia retoma a tese de Scheler, direcionando-se a afirmar as diferenças dimensionais entre o mundo do animal (meio ambiente –

---

31 "Isto é, o que podemos fazer em cada caso é perguntar apenas pelo sentido de um acontecer parcial e não pelo 'fim' do acontecimento universal. A categoria de fim é transcendente na medida em que, em cada caso, o fim está fora daquilo que o 'tem'. Por isso, quando muito, poderíamos conceber o sentido do mundo como um todo na forma de um conceito-limite, como se costuma dizer" (FRANKL, 2003a, p. 61).

32 "Na logoterapia, de qualquer forma, parte-se de um 'logos' supratemporal (e supra- -humano), de um 'suprassentido', a partir do qual todos os valores recebem sua hierarquia e todas as possibilidades humanas, o seu ter-sentido ou não-ter-sentido" (LUKAS, 1989b, p. 165).

Umwelt), suprassumido no mundo do homem (*Welt*), o qual é suprassumido na ideia sintética de supramundo (*Überwelt*), o mundo suprapessoal da totalidade. Como na relação geométrica da secção áurea,[33] o meio ambiente é para o mundo do homem o que este é para o supramundo. Nesta mesma relação, o impulso instintivo (animal) estaria para o sentido (homem), assim como o sentido está para o suprassentido (suprapessoal): "Meu argumento é o de que há uma similaridade nesse quociente, nessa relação homem-animal e homem-Deus" (FRANKL, 2011, p. 180), conforme ilustrado na figura 11.

Deus   Suprassentido   Supramundo   [*Überwelt*]

Homem   Sentido   Mundo [*Welt*]

Animal Instinto Ambiente [*Umwelt*]

Figura 11

Frankl, logo, questiona como seria possível para o homem, face a essa diferença dimensional, reconhecer a distinção entre o mundo humano e o mundo divino. Seu argumento apela para que se considere a analogia da relação entre os mundos animal e humano. Afinal, participamos do mundo animal e podemos, de alguma forma, compreender sua realidade, mas o contrário não ocorre.[34] O homem não seria capaz de romper essa diferença dimensional, mas pode, muito bem, buscar esse sentido último através da fé que é intermediada pela crença nesse Ser último (*idem*, p. 181). Rememorando

---

33 "Se a queremos definir de algum modo, a relação entre o mundo circundante dos animais (estreito) e o mundo do homem (mais amplo) e entre este e um supramundo (que abranja a todos), teremos uma espécie de alegoria da secção áurea. Consequentemente, a parte menor está para a maior assim como a maior para o todo" (FRANKL, 2003a, p. 64).

34 "Assim como o animal não tem condições de entender o ser humano e seu mundo a partir do seu habitat [*Umwelt*], também o ser humano não tem condições de apreender o supramundo, a ponto de entender a Deus ou mesmo entender seus desígnios" (FRANKL, 1992, p. 61).

a distinção heideggeriana entre ser e coisa, no caso, entre o Ser último e o homem, Frankl vê como consequência a impossibilidade real de se "falar de" Deus, o que redundaria em reificação, ou personificação (como se vê nas mais diversas formas de antropomorfismo). Contudo, defende que, se o homem não pode falar de Deus, pode falar a Deus, pode orar:

> A célebre frase com que Ludwig Wittgenstein conclui seu mais famoso livro diz: 'Sobre aquilo que não se pode falar, deve-se calar'. Essa declaração foi traduzida em muitos idiomas. Permitam-me transpô-la de uma linguagem agnóstica para uma linguagem teísta: 'Para aquele de quem não se pode falar deve-se orar' (FRANKL, 2011, p. 182).

O problema do suprassentido, logo, perpassa, irrecusavelmente, a questão do destino humano. Como vimos, uma das grandes contendas de Frankl é a de demonstrar como o sentido de nossas vidas, a cada momento, depende do modo através de que nós nos posicionamos no encontro com aquilo que a vida tem de fatal. Ocorre, contudo, que a pergunta original pelo sentido pode ser formulada de outro modo, pode referir-se, não mais ao sentido concreto de minha existência atual, mas elevar-se ao questionamento a respeito do sentido da totalidade do mundo e das formas de destino: "Mas nós devemos continuar perguntando se não seria possível que mesmo este puro, autêntico destino e com ele, para além dele, que todo esse acontecer do mundo exterior teria um sentido?" (FRANKL, 1981, p. 95). Trata-se de pensar uma possível suprarracionalidade que tornaria axiologicamente inteligível até mesmo o que, em nossa dimensão de sentido, experimentamos como o trágico.

Frankl defende essa possibilidade, utilizando-se, para tanto, da metáfora da secção áurea que acabamos de expor e de um dito popular: "Deus escreve certo por linhas tortas". Na imagem de que faz uso, Frankl define "escrever certo" como estabelecer caracteres paralelos perpendiculares por sobre as linhas (figura 12). Contudo, em linhas tortas (FRANKL, 2011, p. 182), esse arranjo não é possível, as letras não ficam paralelas:

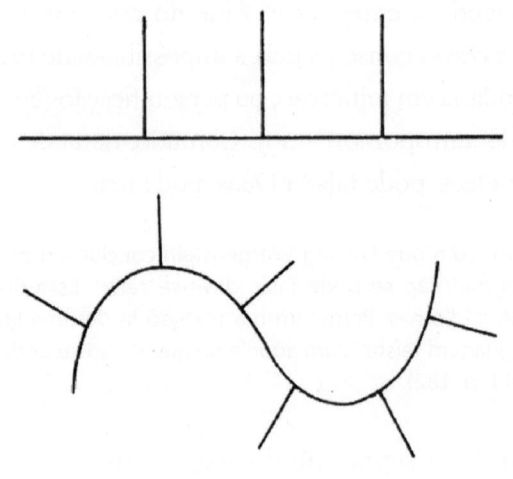

Figura 12 (FRANKL, 2011, p. 183)

Todavia, se considerarmos que a "página" sobre a qual se escreve se monta por sobre um plano tridimensional, ao invés de um bidimensional, torna-se perfeitamente possível estabelecer caracteres paralelos – ou seja, "escrever certo" – por sobre "linhas tortas":

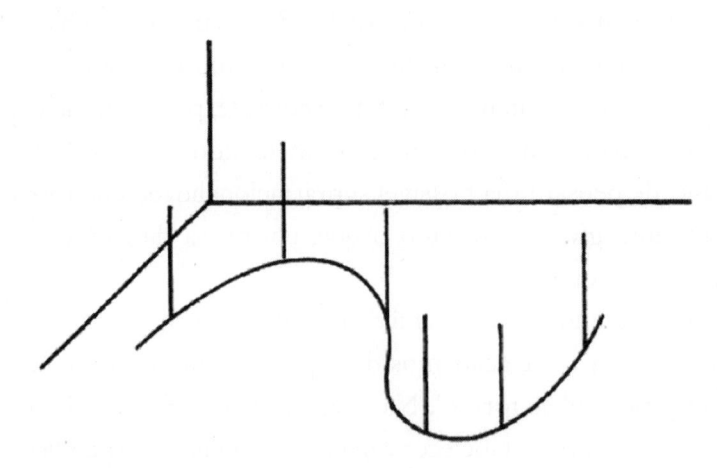

Figura 13 (FRANKL, 2011, p. 183)

Com esse experimento mental, que ilustra o que seria o abismo dimensional entre o supramundo [*Überwelt*] e o mundo humano [*Welt*], Frankl pretende demonstrar por que tal problema é insolúvel – isto é, porque o suprassentido está fora do alcance intelectual do homem – e, mais do que isso, tenciona explicitar como "*algo que parece impossível numa dimensão mais baixa é perfeitamente possível numa dimensão superior, mais abrangente*" (*idem*, grifos originais). Nesse mesmo raciocínio, Frankl faz ressalvas às pretensões da ciência natural[35] em encontrar o sentido mais abrangente da vida e do mundo:

> Quando se fala que a Ciência Natural não pode constatar qualquer teleologia, então esta informação vazia deve ser formulada com mais cuidado: no plano de projeção da Ciência Natural, não se representa qualquer teleologia; a partir desse plano, ela não é encontrada. O que não exclui, nem de longe, que ela não exista numa dimensão mais alta. E não manter-se aberto à possibilidade de teleologia numa dimensão superior à da Ciência Natural, mas negar tal possibilidade, lutar contra ela e manter-se rígido quanto à impossibilidade de teleologia, nada mais tem a ver com empiria, mas é filosofia, e na verdade, *não-filosofia criticamente refletida*, mas diletante, antiquada, filosofia *apriorística* (FRANKL, 1981, p. 56).

Contudo, frisemos: aqui já não mais falamos de conhecimento. Frankl sabe que abordar a questão do suprassentido implica uma decisão existencial e não meramente intelectual, diante de duas possibilidades lógicas de igual peso: o absurdo ou o suprassentido. Nesse caso, não é mais o saber que fundamenta a decisão, mas sim a crença: "A fé não é uma maneira de pensar da qual se subtraiu a realidade, mas uma maneira de pensar à qual se acrescentou a existencialidade do pensador" (FRANKL, 1992, p. 84). Ambas as possibilidades são irrefutáveis e indemonstráveis:[36] do ponto de vista lógico, a decisão não tem fundamento algum. Nesta decisão, pairamos sobre o "abismo do nada" ou diante do "horizonte do suprassentido". Frankl sustenta, ainda, que a decisão pela fé é criativa: essa crença faz verdadeiro aquilo em que se acredita, de modo que "a escolha de uma possibilidade de pensamento é mais que a simples escolha de uma possibilidade de

---

35 A ciência natural, como método, deve ser cega às noções de sentido e finalidade. Frankl cita o trecho de uma entrevista de Albert Einstein, em que se perguntou ao físico: "O senhor acredita que simplesmente tudo pode ser representado de modo científico (natural)?". A resposta de Einstein é bastante expressiva: "Sim, isto é pensável, mas não teria sentido. Seria uma representação com recursos inadequados, como se se representasse uma sinfonia de Beethoven por meio de uma curva de pressão atmosférica" (EINSTEIN *apud* FRANKL, 1981, p. 57).

36 "A plenitude de sentido do todo constitui um conceito-limite, ou seja, o conceito do 'supersentido'. Cabe ao cético o *onus probandi. Pelo contrário, quem acreditar no supersentido haverá de arcar tão-somente com o peso de não poder comprová-lo. Não é, pois, verdade, como se diz com frequência, que o sentido da vida é suportar a sua falta de sentido, enfrentar o 'absurdo' da existência. Pelo contrário, faz parte da vida não conseguir abarcar o todo, não compreender o sentido da totalidade, nem demonstrá-lo. Não basta dizer que a crença num supersentido 'tem sentido', ela é sentido*" (FRANKL, 1978, p. 234, grifos originais).

pensamento – é a realização de uma simples possibilidade de pensamento" (FRANKL, 1981, p. 96).

Num âmbito de casuística psicológica, Frankl (ele próprio ganhador do prêmio da *Foundation for Hospice and Home Care*) revela sua particular experiência com inúmeros pacientes que, fora de possibilidade terapêutica, e independentemente de convicção confessional (muitos, inclusive, ateus e agnósticos convictos[37]), acabavam por caminhar em direção à morte com uma serenidade ilógica, que constituía algo como uma confiança de "se saberem guardados" [*Geborgenheit*], concepção que, no parecer de Xausa (1986, p. 208) se aproxima muito das formulações de Gabriel Marcel (1889-1973) acerca da esperança, em sua relação com o mistério do ser: "*De profundis*, irrompe algo, vem à tona uma confiança total que não sabe a quem ela se entrega nem em que confia, mas que, não obstante, arrosta o conhecimento de seu infausto prognóstico" (FRANKL, 1992, p. 62). Para Frankl, o sofrimento em dignidade e a afirmação da vida em momentos como esses, nos quais as formas de destino se impõem da maneira mais desesperadora, têm relação com essa vontade de sentido último, que se manifesta sob a forma daquilo que nomeou de "confiança primária no ser" [*Urvertrauen zum Dasein*] (FRANKL, 2020, p. 74). Trata-se de uma confiança que "desiste de compreender o suprassentido para acreditar nele" (FRANKL, 1978, p. 267).

---

37 "Eu mesmo tenho testemunhado pacientes agnósticos, que, no leito de morte, sabendo da proximidade desta, demonstravam um sentimento de se saberem guardados, sentimento esse que não conseguia explicação racional no campo de suas filosofias de vida irreligiosas" (FRANKL, 2011, p. 186).

CONSIDERAÇÕES FINAIS:
UMA ONTOLOGIZAÇÃO DA MORAL

Ficamos conhecendo o ser humano como talvez nenhuma geração humana antes de nós. O que é, então, um ser humano? É o ser que sempre decide o que ele é. É o ser que inventou as câmaras de gás; mas é também aquele ser que entrou nas câmaras de gás, ereto, com uma oração nos lábios (FRANKL, 1985a, p. 84).

Diante do quadro conceitual que acabamos de concluir, refazemos a pergunta que nos propusemos a responder neste trabalho: como se caracterizaria, a partir dessa particular articulação do pensamento do pai da logoterapia, uma "ética do sentido da vida"? Nossa leitura da obra de Frankl apontou elementos suficientes para a caracterização de uma ética do sentido da vida, da maneira como nossas considerações preliminares nos fizeram supor. No presente capítulo, abordaremos essa problemática mais diretamente, de maneira a concluir nosso trabalho.

A visão de homem da logoterapia se funda na noção de dimensão espiritual (ou noológica). Frankl, afastando-se das diversas modalidades científicas de pandeterminismo, fez da peculiar autonomia da pessoa espiritual a pedra angular de seu projeto terapêutico. Para os fins deste trabalho, tem-se, aí, o ponto de partida de nossas considerações finais. Quando falamos no "espiritual", trazemos à tona, precisamente, o núcleo de compreensão da humanidade que torna possível a discussão moral,[1] afinal, diante da ideia de liberdade, surge, inevitavelmente, a problemática ética: em que deve

---

1 "No momento em que o homem reflete sobre si mesmo – ou, se for preciso, rejeita a si mesmo; quando quer que ele faça a si próprio de objeto – ou aponte objeções a si mesmo; no momento em que o homem manifesta sua consciência de si, ou quando quer que exiba seu ser consciente, aí, o ser humano atravessa a dimensão noológica. De fato, ser consciente pressupõe a exclusiva capacidade humana de elevar-se sobre si, de julgar e avaliar as próprias ações e a própria realidade em termos morais e éticos" (FRANKL, 2011, p. 28).

consistir minha responsabilidade? Que parâmetros, que caráter normativo, devem organizar minha liberdade? Isto é, a experiência de liberdade leva o homem à reflexão sobre como aquela deve ser orientada. Ora, a ética, a filosofia prática, emerge na Grécia Antiga, exatamente, como produto da ruptura da solidez do *ethos* tradicional: em meio ao contexto cultural conflituoso do século V a.C., ocorre um deslocamento de interesse no que diz respeito ao âmbito geral da investigação filosófica. A ênfase à *physis* como problemática central é transferida às questões referentes ao *ethos*. Trata-se da "experiência fundante de liberdade": a racionalidade leva o homem a acarear criticamente suas decisões, seu agir no mundo e o próprio sentido e valor de sua existência concreta.

O ser humano passa a enxergar-se a si mesmo na sua especificidade em relação aos outros seres: ontologicamente aberto, sua constituição não é preestabelecida; aquilo que o homem é não está dado de antemão, "pois sua primeira tarefa é sua própria autogênese". O seu agir concreto e o seu comportamento não se mostram necessariamente determinados pelos instintos: "antes, a abertura que caracteriza sua vida significa que ele deve dar a orientação fundamental a seus impulsos. Seu ser é, em primeiro lugar, uma busca de si" (OLIVEIRA, 1995, p. 93). A realidade impulsiva dos instintos não tem a última palavra sobre as aspirações especificamente humanas. A experiência fundante de liberdade constitui o "fundamento conceptual último" para a ciência do *ethos*, a Ética, cujo nascimento deve ser compreendido, contextualmente, enquanto

> [...] transcrição teórica da experiência grega de liberdade no momento em que conflitos sociais, políticos e culturais rompem a bela unidade do *ethos* e põem à mostra o seu núcleo: a liberdade agora exposta ao sol da Razão na frágil trajetória dos destinos individuais. Quando a individualidade livre emerge da ruptura da eticidade substancial, o *ethos* vê esvair-se sua força unificadora e ordenadora: nasce a Ética (VAZ, 1993, p. 78).

O "descolamento" racional da facticidade, que marca o surgimento da filosofia no mundo ocidental, torna inevitável a pergunta pela validade de tudo que possa ser articulado proposicionalmente. Isto é, no caso específico da ética, o homem vê-se "descolado" da facticidade dos diversos *ethói* que se perpetuam numa dinâmica não reflexiva e, motivado pelo distanciamento fundamental que a liberdade lhe proporciona, propõe-se a questionar temas como: "que ações efetivam meu ser? Que decisões me efetivam verdadeiramente? Qual é a razão de minhas preferências? Numa palavra: como justifico o que faço?" (OLIVEIRA, 1995, p. 26).

> Com a questão da justificação das decisões, ou seja, como pergunta a respeito da decisão justa, da ação que se pode assumir responsavelmente, surgiu, no Ocidente, a filosofia prática, ou a ética. A filosofia prática emerge, então, como uma decorrência da própria experiência da finitude e da liberdade: porque o homem se põe no aberto, surge uma exigência fundamental, a saber, a exigência de uma acareação crítica de suas decisões nas diferentes situações históricas em que está inserido. Do seio da própria historicidade da vida humana, emerge a reflexão crítica com a pretensão de se perguntar pela justificação daquilo que o homem faz de sua vida (*idem*, p. 26).

O lugar histórico de nosso modo de conduzir a vida é, então, posto em xeque. Ernst Tugendhat (2006), ao iniciar sua tese sobre a antropologia como filosofia primeira, procurou um ponto de partida que consistisse na "pergunta mais básica que nós podemos fazer como seres humanos" e, citando uma passagem do livro primeiro da *República* de Platão, põe um trecho do diálogo de Sócrates com Trasímaco, em que aquele diz: "Pois não estamos tratando de uma questão qualquer, senão de que maneira se deve viver". Tugendhat, mais à frente, afirma:

> [...] parece-me óbvio que [a mencionada pergunta] não se trata de um capricho de Platão, senão que encontramos essa mesma pergunta em todas as culturas, seja de forma implícita nas mitologias e tradições, seja de forma explícita. Na China, por exemplo, o que se entendia por filosofia se chamava a pergunta pelo 'tao', e 'tao' significa caminho. Essa pergunta é idêntica à de Sócrates: trata-se do caminho que devemos tomar na vida, e o característico dos humanos parece ser que isso nunca é óbvio (TUGENDHAT, 2006).

O que queremos, de antemão, defender é que Frankl desenvolveu uma escola de psicoterapia a partir de um projeto antropológico que se liga, irrecusavelmente, à problemática ética. Trata-se de uma via dialética nessa relação: não há ideia de homem sem uma concepção valorada de agir humano nem vice-versa; elas constituem categorias reflexivas, mutuamente necessárias. A reflexividade teórica entre ética e antropologia aparece, também, claramente, em Max Scheler. Volkmer (2006), em sua dissertação sobre o referido pensador, chega a refletir sobre qual, de fato, seria o eixo central da obra do filósofo de Munique: a ética ou a antropologia. Adotando a posição de Manfred Frings, o autor assevera:

> Diziam filósofos éticos antigos que a primeira pergunta que os homens se fazem não é o 'por quê?' ou 'o que é o ser?', mas 'o que devo fazer?'. *A primeira pergunta pela ética não significa que o fundamento do humano seja a ética; ao contrário, o fundamento da ética é a antropologia.* Assim como a física é a primeira ciência em ordem de questionamento natural ou espontâneo, mas a metafísica é a filosofia primeira em ordem de fundamentação, assim a ética é a primeira pergunta que o homem se faz na ordem da cosmovisão natural, sendo que a pergunta pelo próprio ser do homem vem da resistência que a pergunta ética oferece a uma solução facilmente acessível ao entendimento, *resistência que provoca um retorno do ato do entendimento para sua origem, reflexão antropológica.* No oráculo de Delfos, como em todos os oráculos, os homens vêm primeiramente procurar saber o que devem fazer, que rumo tomar em suas vidas. A resposta era desconcertante, pois aparentemente não condizia com o motivo que os levava até lá: 'conhece-te' (VOLKMER, 2006, p. 27, grifos nossos).

As Escolas de psicoterapia – pensando com o próprio Frankl[2] –, assim como a Ética para Aristóteles, também compreendem uma consideração das coisas humanas. Canguilhem (1999), num dos momentos de seu clássico artigo, refletindo sobre uma das formas possíveis de organizar o estatuto epistemológico das diversas Escolas em psicologia, afirma que "a despeito das aparências, é mais *pelo objeto* do que por seu método que uma psicologia é dita clínica, psicanalítica, social, etnológica". Para ele, "todos esses adjetivos são *indicativos de um único e mesmo objeto: o homem*, ser loquaz ou taciturno, ser social ou insocial" (*idem*, p. 13, grifos nossos). Cremos, logo, que também vale para as psicologias a interrogação para a qual, segundo Vaz, convergem todas as questões que o *logos* da ética levanta: "Que é o homem?". Evidentemente, a pergunta não tem em vista o indivíduo empírico, a composição física ou orgânica do homem, mas o Si essencial que o preceito délfico ordena conhecer" (VAZ, 1993, p. 59).

Assumida explicitamente na antropologia frankliana, a noção de liberdade, portanto, constitui o primeiro passo fundamental para se pensar

---

2 "As implicações metaclínicas da psicoterapia se referem, principalmente, ao seu conceito de homem e à sua filosofia de vida. *Não há psicoterapia que não contenha uma teoria antropológica e uma filosofia de vida subjacentes.* Intencionalmente ou não, a psicoterapia se funda nesses dois aspectos" (FRANKL, 2011, p. 25, grifos nossos).

a ética subjacente à logoterapia. No centro dessa questão, Frankl descreve a incessante polaridade entre o "espiritual subjetivo" e o "espiritual objetivo". O primeiro, como vimos, diz respeito à pessoa espiritual. Isto é, ao ser humano entendido sob o ponto de vista da dimensão noológica, a qual lhe confere uma condição dialeticamente residual de liberdade, diante das variadas formas de determinação às quais é, irrecusavelmente, submetido. Trata-se da "liberdade de". Contudo, a partir daí, torna-se pertinente a pergunta pelo direcionamento dessa condição: que parâmetros devem guiar o homem através de suas possibilidades de escolha? Ora, o "espiritual objetivo", na logoterapia, se configura como o mundo do dever-ser, como o domínio do possível que, em sua face de valor, se mostra digno de vir-a-ser. O sentido, como vimos, é a possibilidade de valor mais alta, única e irrepetível de cada situação. Aí, temos a "liberdade para".

> A liberdade de ação, enquanto tomada de posição a partir da liberdade transcendental, que é uma absolutidade apenas formal, não pode ser considerada verdadeiramente liberdade se ela ocorre arbitrariamente, ou seja, sem razões, sem fundamento. Esta posição se afirma como livre na medida em que tem sentido, em que o ente determinado escolhido tem valor. Ora, os valores sempre implicam uma relação a. A escolha livre é uma escolha fundada precisamente na medida em que o motivo de nossa escolha se revela como portador de valor. Ora, algo tem valor na medida em que através dele podemos efetivar nossa essência. Por isso, a escolha desta ação determinada e do ente em questão é sempre precedida por uma escolha fundamental: a escolha do projeto de configuração de nossa própria essência (OLIVEIRA, 1995, p. 75).

A nosso ver, a novidade fundamental da logoterapia, enquanto sistema psicológico, portanto, foi a de introduzir e articular uma *visão de homem tomado enquanto integrante de um universo moral que guarda uma relação direta com o sentido da vida do indivíduo*. Esse dito universo moral só pode ser admitido na medida em que é sustentado por um domínio ontológico que reserve ao ser humano o estatuto de ser livre e responsável: teremos, aí, a dimensão espiritual, aquela que especifica o homem em sua humanidade e que inspira toda a investigação da escola iniciada por Viktor Frankl. Ontologicamente, o homem busca a realização de sentido para a própria existência, aspira a configurar a própria vida de modo que ela se mostre significativa; para a logoterapia, por sobre todas as outras noções de "bem", o sentido aparece como o fim último dos esforços humanos.

A questão do sentido, na qual nos detivemos de maneira mais precisa no primeiro capítulo – mas que permeia, sistematicamente, todo o texto – diz respeito à pedra angular da visão de mundo da logoterapia. Atendo-nos à letra de Frankl, procuramos, naquele momento, lançar as bases para a compreensão do sentido não como uma categoria epistemológica, mas em seu significado existencial. Isto é, acreditamos que Frankl concorda com Albert Camus (CAMUS, 2004, p. 17), quando este defende a existência de apenas um problema filosófico verdadeiramente sério: o suicídio, na medida em que este se mostra como fenômeno-limite para o julgamento a respeito de se a vida vale ou não a pena ser vivida.[3] Não se trata de saber se há alguma lógica que justifique a vida, mas, sim de saber se há algo que a faça valer a pena. Trata-se daquele χ que nos guarda do absurdo e, para além de uma justificação biológica ou psicológica, nos prende à vida.

Logo, nossa tese preliminar, aqui, é a *de que quando tratamos da questão do sentido, nós nos defrontamos com uma categoria moral*; trata-se de um dever-ser- -personalíssimo que alimenta a aspiração mais básica do ser humano. No mundo atravessado pela tensão possível-real-valor, o sentido aparece como aquela possibilidade através de cuja realização consideramos a vida como digna de ser vivida e realizamos nossa essência na existência concreta de cada situação, que demanda de nossa parcela de responsabilidade uma resposta que afirme a vida. Como vimos, toda responsabilidade é responsabilidade perante um sentido (FRANKL, 2003a, p. 55). Não se trata, portanto, de uma "lógica", mas de uma "axiológica". Se o homem é aquele ser que nunca "é", de fato, mas que sempre "chega a ser", Frankl defende que, para além do "chega a ser o que és", ou do "chega a ser o que podes e deves ser", o imperativo que o sentido nos impõe é desta ordem: "chega a ser o que *só tu* podes e deves ser" (FRANKL, 1978, p. 231). A singularização do humano em comunidade se dá no encurtamento da distância entre essa essência – que Frankl entende como "essência individual", já que as possibilidades de

---

3 "É profundamente indiferente saber qual dos dois, a Terra ou o Sol, gira em torno do outro. Em suma, é uma futilidade. Mas vejo, em contrapartida, que muitas pessoas morrem porque consideram que a vida não vale a pena ser vivida. Vejo outros que, paradoxalmente, deixam-se matar pelas ideias ou ilusões que lhe dão uma razão de viver (o que se denomina razão de viver é ao mesmo tempo uma excelente razão de morrer). Julgo, então, *que o sentido da vida é a mais premente das perguntas*" (CAMUS, 2004, p. 18, grifos nossos).

valor são sempre únicas e irrepetíveis a cada homem – e a existência, na sua forma contingente de ter-de-escolher.

Do que já foi visto até então, assumimos que, como consequência, a ciência do *ethos* aparece, invariavelmente, ligada, na tradição, ao agir humano, apreciado sob juízos de polaridade (bem e mal, bom e ruim, desejável e indesejável, correto e incorreto etc.), os quais, por sua vez, podem apontar para um caminho de ação (*praxis*) que se coadune com o lado da virtude, o qual se classificaria dessa maneira por relacionar-se com o ideal de bem humano, ou, como colocado por Aristóteles, com a felicidade (*eudaimonía*[4]): "nosso objetivo é tornar-nos homens bons, ou alcançar o grau mais elevado do bem humano. Este bem é a felicidade; e a felicidade consiste na atividade da alma de acordo com a virtude" (ARISTÓTELES, 1986, p. 12). Felicidade seria, aí, o bem sempre tomado por si mesmo, ou o fim supremo (*télos teleiótaton*). Nesse sentido, como princípio norteador para nosso argumento conclusivo, adotaremos, inicialmente, o conceito de Vaz para a Ética, a qual pode "então, ser definida, na sua autonomia, como *a ciência que estuda a praxis do homem orientada para seu fim propriamente humano (eudaimonía)*" (VAZ, 1993, p. 64, grifos nossos).

Ora, temos, aí, três elementos fundamentais que deveremos explicitar melhor a fim de dar inteligibilidade ética à escola de psicologia fundada por Viktor Frankl. São eles: 1) uma *imago hominis*, isto é, uma ideia de realização finalista do homem, uma espécie de antropologia teleológica – resposta à pergunta "que é o homem?"; 2) uma ideia de ação humana valorável (*praxis*), polarizada a partir de um *telos* que o define como homem, resposta à pergunta "que deve fazer o homem?" e 3) a própria noção de bem finalístico (*eudaimonía*), resposta à pergunta: "que quer o homem?". Esses três elementos se concatenam segundo uma necessidade dialética. Tudo isso implica aceitar, analogicamente, o esquema tríplice explicitado por MacIntyre (2001), quando este – no intuito de expor seu

---

4 Cabe aqui a advertência linguística de Vaz, no sentido de que a tradução do termo grego *eudaimonía* como "felicidade", em seu sentido moderno, pode não transmitir a complexidade de tal conceito, cabendo sempre lembrar que *eudaimonía*, a "excelência segundo a virtude", fundada na "razão reta" (*orthòs logos*), não se apresenta, meramente, como a "face subjetiva do bem", devendo, logo, ser compreendida como "efetivação, racional e livre, do bem universal no indivíduo. Nesse sentido, trata-se do *télos* necessário da *praxis*, designando-se igualmente como o 'bem viver' (*eu zen*) e o 'bem agir' (*eu prattéin*)" (VAZ, 1993, p. 91).

diagnóstico a respeito do fracasso do projeto iluminista em justificar as crenças morais[5] – afirma que o ancestral histórico comum às formulações modernas deste intento é a *Ética a Nicômaco* de Aristóteles.

MacIntyre cita Kant, Hume, Diderot e Kiekergaard, afirmando a existência de uma estratégia argumentativa comum entre os quatro, no sentido de justificar a moralidade: todos partem de premissas a respeito da natureza humana, conforme a entendem, e pretendem chegar a conclusões sobre a autoridade das normas e dos preceitos morais. A raiz do fracasso de tal empreendimento estaria lançada desde aí, no fato de que nele haveria uma "discrepância inerradicável" (*idem*, p. 99) entre esses dois conceitos-chave: natureza humana e normatividade. O autor procura, logo, acusar o ancestral histórico que levou à problematização de tal esquema, afirmando que a exclusão moderna do elemento teleológico é o que veio a minar as pretensões do projeto. A contradição intrínseca do projeto iluminista redundou em fracasso, exatamente, por tentar descobrir uma base racional para suas crenças morais no solo de uma compreensão específica sobre a natureza humana, tendo, contudo, "herdado um conjunto de mandados morais e um conceito de natureza humana [sem instrução] que foram expressamente criados para serem discordantes um do outro" (*idem*, p. 104).

Isto é, os modernos, sem reconhecer a especificidade de seu contexto histórico-cultural, herdaram os elementos de uma conjuntura anterior que fornecia um esquema tríplice para o entendimento da moralidade, mas, ao rejeitar um dos componentes da tríade, a saber, o *telos* humano, eles se viram na tentativa impossível de reconciliar uma ideia de "natureza humana sem instrução" com o papel dos mandamentos morais. Uma das consequências disso foi a necessidade moderna de equiparação entre sujeito ético e sujeito de normas. Na leitura de MacIntyre, a *Ética a Nicômaco* – raiz do impasse ético contemporâneo – se funda num esquema teleológico que abrange três momentos: (1) a natureza humana como é, sem instrução, a qual seria discordante de (2) os preceitos éticos, os quais, por sua vez, teriam o papel de transformar (1), pela instrução da razão prática, em (3): "natureza humana como poderia ser se realizasse seu *telos*" (p. 100). Cumpre lembrar que os

---

[5] Aqui, aceitaremos a semelhança etimológica dos termos "moral" e "ética", não pretendendo operar qualquer tipo de distinção teórica entre tais conceitos.

três elementos também se encontram em relação de necessidade recíproca, de modo que qualquer um deles só será inteligível na referência aos outros dois:

> Dentro desse esquema teleológico, há uma diferença fundamental entre o 'homem como ele é' e o 'homem como poderia ser se realizasse sua natureza essencial'. *A ética é a ciência que pretende capacitar o homem a entender como se dá a transição daquele para este estado.* A ética, portanto, nesta tese, pressupõe alguma explicação de potência e ato, alguma explicação da essência do homem enquanto animal racional e, sobretudo, algum conhecimento do *telos* humano (*idem*, p. 99, grifos nossos).

Aqui, defendemos a tese de que Frankl retoma essa perspectiva teleológica para a ética, que, sob esse ponto de vista, carregaria dentro de si a ideia mesma de um "projeto de humanidade".[6] A antropologia frankliana não pode ser compreendida como um desenho fático-descritivo sobre o humano, pois a introdução da dimensão noológica em seu cerne teórico torna irrecusável a noção de um projeto de humanidade que a própria logoterapia, em sua especificidade como campo de saber, pretende ajudar a realizar. Ora, Frankl transformou essa tensão entre ser e dever-ser em uma categoria ético-antropológica, chamada, como vimos, de *noodinâmica*, a fim de contrastar, intencionalmente, com a ideia absolutizada de uma *psicodinâmica*. Esta pintaria o retrato fiel de um homem impulsionado: o objetivo maior de meus esforços como ser humano é o de reduzir tensões internas, sem qualquer compromisso primário para com uma ideia de Bem ou valor objetivo. Ora, para Frankl, a noodinâmica funcionaria de maneira inversa, pois, na busca de sentido, vê-se que a tensão entre ser e dever-ser é irrecusável ao homem enquanto estiver vivo. O pai da logoterapia posiciona tal categoria no centro de sua noção de saúde mental.[7]

---

6 A ideia de "projeto de humanidade", na acepção que adotamos neste trabalho, só se torna plenamente inteligível quando em referência a esse modelo tríplice.

7 "A busca por sentido certamente pode causar tensão interior em vez de equilíbrio interior. Entretanto, justamente esta tensão é um pré-requisito indispensável para a saúde mental; [...] a saúde mental está baseada em certo grau de tensão, tensão entre aquilo que já se alcançou e aquilo que ainda se deveria alcançar, ou o hiato entre o que se é e o que se deveria vir a ser. Essa tensão é inerente ao ser humano e por isso indispensável ao bem-estar mental. Não deveríamos, então, hesitar em desafiar a pessoa com um sentido em potencial a ser por ela cumprido" (FRANKL, 1985a, p. 95-96).

Ora, mas é aí que devemos compreender que tal noção de saúde, no entanto, se distancia do referencial biomédico tradicional,[8] na medida em que diz respeito a uma questão que é de natureza eminentemente ética: "de que modo devo conduzir minha vida e minhas escolhas?". Saúde, aí, figura não como um parâmetro para corrigir desvios de ordem fática – como uma espécie de ortopedia de fatos biológicos –, mas, sim, como um referencial para aproximar o homem que sofre de sua "verdadeira humanidade". Rememoremos, então, o que vimos no capítulo sobre a "Vontade de sentido": essa visão de homem e de sofrimento humano opera a gênese de um novo binômio; do ponto de vista noológico, não falamos mais de "enfermo-sadio", mas de "verdadeiro ou falso"[9] (FRANKL, 1978, p. 118). Nesse raciocínio, com relação às pretensões da logoterapia, Frankl relembra a distinção feita por Fritz Künkel (1889-1956) a respeito da oposição entre a ciência médica tradicional do psiquismo (*Seelen--Heilkunde*) e uma "ciência da salvação da psique" (*Seelenheil-Kunde*). Correlaciona essa questão, ainda, a Scheler e a J. H. Schultz (1884-1970), segundo os quais a verdadeira realização humana se daria na concretização dos valores existenciais mais elevados: "onde está aquela psicologia interessada na perspectiva terapêutica que inclua em seu arcabouço esses estratos 'elevados' da existência humana", a qual faça por merecer, a partir daí, nesse sentido e "em oposição ao nome de 'psicologia profunda', a denominação de 'psicologia elevada'?" (FRANKL, 1995, p. 19). Com tal questionamento, Frankl, de fato, afirmava a necessidade de uma psicologia que, indo além do âmbito factual do puramente psíquico, levasse em conta a totalidade da existência humana, tanto em sua "profundidade", quanto em sua "altura".[10]

É nesse sentido que Lastória (2004) explicita o difícil lugar das psicologias contemporâneas no quadro do conhecimento, apontando que

---

8 Referencial biomédico de saúde, aqui, diz respeito a parâmetros predefinidos de funcionamento orgânico desejável, obtidos através do método das ciências modernas, referencial técnico que, a princípio – o que é discutível – se abstém de posicionamentos axiológicos.

9 "Naturalmente, assim vai pelos ares o tratamento tradicional da doença. Não se trata mais de liberar o homem de sua doença, e sim de guiá-lo até sua verdade" (FRANKL, 1978, p. 193).

10 "Se compreendêssemos o espiritual no homem, em oposição ao psicofísico no homem, como a dimensão do alto, admitiríamos então que a logoterapia é o contrário da chamada 'psicologia profunda', pois pretende ser psicoterapia a partir do espiritual e, nesse sentido, conhece a dimensão espiritual, a dimensão do 'alto', própria do homem: pois, com todo o respeito devido à psicologia profunda, 'só o alto do homem constitui o homem' (Paracelso)" (FRANKL, 1995, p. 88).

estas – se pensadas com Aristóteles – oscilariam, enquanto projeto científico, entre conceber-se na qualidade de uma "ciência da saúde – em sentido estrito (*technê*) – e de uma ciência do homem e da cultura – num aspecto mais amplo (*praxis*)"[11] (p. 160):

> Ao raciocinar segundo a antiga divisão dos conhecimentos científicos propostas por Aristóteles, percebemos que a psicologia – do ponto de vista de sua finalidade – oscilaria entre as chamadas ciências práticas, figurando ao lado da ética e da política, e as denominadas ciências técnicas, tomando parte ao lado da medicina e das demais ciências que visam àqueles bens que são apenas meios para o ser do homem se realizar como tal – por exemplo, a saúde como meio de realização da felicidade da alma ou *eudaimonía* (idem, p. 160).

De fato, a analogia entre medicina e ética foi, nos antigos, um ponto de ênfase. Platão estabeleceu explicitamente "uma proporção entre a 'justiça' ou ciência do bem-estar da alma e a medicina", e, para Aristóteles, "a Ética encontra na medicina [...] um modelo para desenvolver o método adequado a seu objeto" (VAZ, 1993, p. 46). No entanto, se pensarmos essa ideia de "saúde mental" com Frankl, perceberemos uma certa coextensividade entre as noções de "saúde" e de "felicidade", enquanto realização do fim humano:

> Hoje em dia, ao dizer práxis psicológica, estaríamos afirmando, se nos mantivéssemos no interior da cosmovisão antiga, que *as práticas da psicologia teriam, também elas, por finalidade última o autoaperfeiçoamento do homem em direção à sua felicidade*, pressuposto, claramente, de um juízo avaliativo de caráter ético (LASTÓRIA, 2004, p. 161, grifos nossos).

O "homem como ele é", momento (1) do esquema de MacIntyre, pode bem ser compreendido, segundo Frankl, sob a ótica da psicanálise e da psicologia individual. A antropologia de base de ambas as escolas, na leitura da logoterapia, não teria compromisso com um projeto de humanidade ao se pretenderem neutras, do ponto de vista axiológico. É nesse contexto que a metáfora de que falamos no capítulo "O homem e a vontade de sentido" se faz mais inteligível (grandezas escalares e vetoriais). Ora, não é por acaso que

---

[11] Cumpre lembrar que "Enquanto o finalismo da *téchne* é orientado para a perfeição do objeto fabricado, o finalismo da *praxis*, regido pela *theoría*, é orientado para a perfeição do próprio agir, para sua *areté*. A verdade da *theoría* flui da necessidade inteligível do bem" (VAZ, 1993, p. 89).

Frankl lê as diretrizes terapêuticas de Freud e Adler nos termos, respectivamente, de uma "adaptação" e de uma "conformação" – grandezas escalares, na alegoria do autor (FRANKL, 1995, p. 17). A ideia mesma da categoria "sentido" – grandeza vetorial, na mesma metáfora – já traz consigo a noção de um direcionamento, no caso, às exigências de um dever-ser.

Retomando o raciocínio de MacIntyre, o primeiro momento do esquema que acabamos de explicitar se mostra com bastante clareza na teoria da logoterapia. A natureza humana "não instruída" teria seu correlato nas diversas formas de compreensão do humano por meio de suas realidades não especificamente humanas: a corporal e a psíquica. Frankl sabe que ambas as dimensões – sob a forma de um sofisticado complexo de determinações – são constituídas por uma tendência impulsiva que, se não educada, tenderá a consolidar formas-de-ser baseadas naquilo que a logoterapia compreende como as duas variedades patológicas de distorção das autênticas aspirações humanas: a vontade de poder e a vontade de prazer.[12] Isto é, apenas artificialmente é que o homem se transforma num sistema fechado, cuja preocupação predominante é a redução de tensões internas, de impulsos e de apetites. Na verdade, Frankl sempre defendeu que a realidade impulsiva do homem deve ser educada pelo sentido, cuja busca aparece como o *telos*, por excelência, da experiência humana. Frankl se mostrou, também, um crítico da educação contemporânea, que, para ele, numa era como a nossa, não poderia ter, como foco principal, apenas o caráter de instrução, mas deveria, sim, adentrar a formação humana como educação para responsabilidade.[13]

O segundo elemento da tríade – os preceitos éticos – teria, portanto, seu correlato na noção de sentido, categoria que, abrangendo o fim propriamente humano, teria como papel – frisemos – educar nossa realidade instintiva: "o que a logoterapia, também, em última análise, quer é esta autodeterminação

---

12 "Nesses casos, em que a vontade de sentido é frustrada, a vontade de prazer se impõe não apenas como uma derivação da vontade de sentido, mas também como uma substituta para ela. A vontade de poder, por sua vez, serve, paralelamente, a um propósito análogo. Apenas quando a preocupação original com a realização de sentido é frustrada, é que alguém concentra seus esforços na obtenção de prazer ou contenta-se com a conquista do poder" (FRANKL, 2011, p. 121).

13 "Na era do vácuo existencial, como dissemos, a educação não deve limitar-se a transmitir conhecimento, nem contentar-se com o repasse das tradições. Ela deve, sim, refinar a capacidade humana de encontrar aqueles sentidos únicos que não se deixam afetar pelo declínio dos valores universais" (FRANKL, 2011, p. 108).

do homem por sobre a base de sua responsabilidade e tendo como fundo o mundo do sentido e dos valores, do *logos* e do *ethos*" (FRANKL, 1978, p. 163). O sentido seria a possibilidade de realização personalíssima do bem universal no caso concreto, histórico e singular; se há uma autorrealização do homem, ela – passando, necessariamente, pela realização do sentido – nunca se daria num âmbito meramente subjetivo.[14] Nesse raciocínio, o potencial humano está sempre pressuposto, não da melhor maneira, mas em sua "pior forma" (FRANKL, 2005, p. 24), razão por que Frankl tem, sim, uma ideia do terceiro elemento da tríade – uma noção de homem como poderia ser se realizasse seu *telos*. Frankl transforma a constatação de que os homens "realmente humanos" são poucos num convite: "vejo justamente neste ponto o maior desafio a que nos juntemos à minoria. Porque o mundo está numa situação ruim. Porém, tudo vai piorar ainda mais se cada um de nós não fizer o melhor que puder" (FRANKL, 1985a, p. 129). O pensador nos fornece uma noção pura do que compreendeu como o terceiro elemento da tríade, descrevendo-nos sua imagem do "homem incondicionado":

> O 'homem incondicionado' é, em primeiro lugar, o homem que é homem em todas as condições, e que mesmo nas situações mais desfavoráveis e indignas permanece homem – o homem que em condição alguma renega sua humanidade, mas, pelo contrário, 'está com ela' de forma incondicional. Vemos que essa definição do homem incondicionado é de caráter ético; corresponde a uma norma moral (não a uma média estatística), a um tipo ideal (FRANKL, 1978, p. 70).

Essa seria a "definição ética" de homem incondicionado, consequência do que Frankl chama de "definição ontológica" de homem incondicionado, que veremos a seguir:

> A par dessa definição normativa, conforme ao dever, apresenta-se, todavia, outra, que é existencial, ontológica, e no sentido desta concepção, o homem é incondicionado na medida em que 'não se deixa absorver' na sua condicionalidade, na medida em que nenhuma condicionalidade é capaz de 'fazer' plenamente o homem, na medida em que ela, na verdade, o condiciona, mas não o constitui. Colocado nas condições do ser-homem, o homem incondicionado se mantém,

---

14 "Ora, o objetivo real do homem não é o de realizar-se a si mesmo, mas realizar um sentido e realizar valores. E só quando ele realiza o sentido concreto e pessoal da sua existência é que ele realiza também a si próprio. A autorrealização surge espontaneamente: não *per intentionem*, mas *per effectum*" (FRANKL, 1991, p. 66).

não obstante, em seu ser-homem: ele *resiste* às condições no meio das quais ele se encontra colocado. Nesse sentido ontológico, só condicionado é que o homem é incondicionado: ele *pode* ser incondicionado, mas não *tem* de sê-lo. Em contraposição, a fórmula ética análoga seria: ele, na realidade, não tem de sê-lo, mas *deve* sê-lo (*idem*).

Em princípio, podemos identificar, portanto, uma homologia entre o humanismo de Frankl e a concepção de ética que esboçamos aqui. Sob esse ponto de vista, o sistema construído por Frankl guarda um compromisso irrecusável com a questão ética: a busca pelo sentido se traduz numa tendência à realização moral, isto é, a resposta ao sentido da vida só pode ser dada no âmbito de uma realização moral. Uma vida com sentido coincide com uma existência moralmente justificada, de modo que *a pessoa espiritual se desenvolve como sujeito ético*. A noção de felicidade aqui perde os contornos que a modernidade lhe deu, ao ser reinserida num contexto intencional[15] de dignidade. Entre a ação humana e o prazer, existe uma ideia de dignidade ou mérito que só se torna inteligível quando a realização do sentido aparece como fim em si mesmo: apenas a reboque da satisfação encontrada de tal maneira, é que a felicidade e o prazer se fundamentam como dignos de ser. Essa necessidade do caráter de merecimento está ligada, intrinsecamente, como vimos, a um ideal de dever que, ontologicamente, antecede o próprio querer. Felicidade e prazer, para Frankl, não são, meramente, estados psicológicos, mas efeitos colaterais da realização de um sentido. A logoterapia, portanto, procura com isso dignificar as noções de felicidade, prazer e poder: os dois primeiros como efeitos colaterais e o último como meio para um fim.

Diante do que acabamos de expor, o posicionamento declarado de Frankl a respeito das relações entre ética e psicoterapia[16] se torna mais inteligível. Num capítulo dedicado às possíveis relações entre filosofia e

---

15 "[No modo presentista de viver], o homem aferra-se precisamente ao estado de prazer (à embriaguez, por exemplo), sem atingir, mais além, o reino dos objetos – que seria, nesse caso – o reino dos valores; só a *intentio emotiva* para os valores pode dar ao homem a verdadeira 'alegria'. Assim se compreende por que motivo a alegria não pode ser nunca um fim em si; não se pode *intender* para a alegria como tal. É uma 'realidade de execução' (Reyer): realizável apenas na execução de atos cognoscitivos de valores; na realização, portanto, dos atos intencionais daquele que capta os valores" (FRANKL, 2003a, p. 72).

16 "É evidente que a psicoterapia necessariamente tem de valorar, se adota, ou seja, se pressupõem valores tomados da ética. Apesar disso, o problema consiste em saber se lhe é permitido valorar" (FRANKL, 1995, p. 42).

psicoterapia, um dos problemas que o autor se propõe a discutir é aquele da intervenção terapêutica como fonte de questionamento de uma moralidade pessoal. Para Frankl, é bem óbvio que uma psicoterapia que se funda na noção de liberdade espiritual não pode ser axiologicamente neutra.[17] Nesse sentido, a prática clínica deve trabalhar, sim, com a *Weltanschauung* do paciente, de modo que a "psicoterapia deve valorar, a psicoterapia deve, por conseguinte, estabelecer valores éticos como tais e *servir à ética*" (FRANKL, 1995, p. 42, grifos nossos). Contudo, o problema que se põe aí é o de saber de que modo essa "psicoterapia valorativa"[18] seria possível, sem que o médico supere sua competência e venha a transmitir ao paciente uma ordem de valores previamente fixada, impondo-lhe uma *Weltanschauung*. A aposta de Frankl vai em direção ao desafio da consciência rumo à vivência radical da responsabilidade:

> Por conseguinte, encontramo-nos diante do dilema: ou a necessidade, até mesmo a pressuposição de valores, ou a impossibilidade ética de uma imposição. Pois bem, acredito que seja possível uma solução para essa questão, mas só uma, uma solução determinada. Pois existe um valor ético formal que é ele mesmo condição de todas as demais valorações, sem determinar em si sua ordem de categoria: a responsabilidade. A responsabilidade representa aquele valor-limite, por assim dizer, de neutralidade ética até o qual a psicoterapia, como ação que valoriza [ajuíza valores] implícita e explicitamente, pode – e deve – penetrar. O paciente que, no

---

17 Na verdade, Frankl vai mais além em sua posição sobre o tema e afirma que toda e qualquer forma de psicoterapia, partindo de uma visão de homem e de uma concepção de mundo, precisa valorar. Concordando com Paul Schilder (*apud* FRANKL, 1964, p. 191), o autor chega a afirmar que até mesmo a psicanálise, que se pretendia abstêmia quanto ao tema, constitui uma *Weltanschauung*, mesmo que o analista não saiba ou não queira dela saber. Logo, para Frankl, "*Uma psicoterapia que se considera livre da questão dos valores está sendo, na verdade, cega aos valores*" (FRANKL, 1964, p. 191).

18 O próprio trabalho de Lastória (2004), ao resgatar diálogos com a antiguidade clássica e com a contemporaneidade (nas figuras de Agnes Heller e de Theodor Adorno), também se mostra como uma tentativa de "transcender a ilusão de que as teorias psicológicas estão isentas de valores e, portanto, desobrigadas de uma autorreflexão de caráter ético-normativo" (LASTÓRIA, 2004, p. 11). Propõe o autor que, ao tornar-se atenta para a sua natureza cultural e política, a psicologia "*pode e deve* indagar-se acerca da dimensão normativa que lhe é inerente, ou seja, *pode e deve* procurar refletir-se como uma ciência ética na perspectiva de sua finalidade prática" (p. 162): "Então, assim como para o judaísmo, o 'direito da imagem é salvo na execução fiel de sua proibição', uma psicologia ética seria aquela que permanecesse como a má consciência da própria psicologia. Má consciência, por lembrar insistentemente àquela que o homem – objeto em nome do qual essa ciência costuma advogar – está sendo permanente e sistematicamente coisificado, quando não pelas próprias construções teóricas, pelos métodos e técnicas apropriadas para efetivar intervenções nessa realidade social" (*idem*, p. 165).

> tratamento psicoterapêutico – e graças a este – conseguiu chegar à consciência profunda de sua responsabilidade como característica essencial de sua existência, conseguirá chegar automaticamente, por si mesmo, às valorações que estão em consonância com ele próprio, com sua personalidade única e com seu destino irrepetível. A responsabilidade constitui, de certo modo, o lado subjetivo – do lado objetivo encontram-se os valores; sua escolha, então, sua seleção e seu reconhecimento se dão sem imposição por parte do médico (FRANKL, 1995, p. 42-43).

A ética do sentido da vida, portanto, faz-se compreender como uma ética da responsabilidade personalíssima, para a qual só parece caber um imperativo: "Viva como se você estivesse vivendo pela segunda vez e como se, na primeira, tivesse agido tão erradamente como está prestes a agir agora" (FRANKL, 1985a, p. 127). Frankl, do nosso ponto de vista, fecha o caráter sistemático de sua teoria ao levar às últimas consequências o tema da responsabilidade humana, através da tese da transcendência da consciência moral. A conclusão da análise fenomenológica que o autor opera sobre a consciência moral está no argumento de que subjaz a essa instância o princípio axiológico absoluto – Deus – a partir do qual compreendemos, num determinado momento histórico, na concretude de nossa existência no "aqui e agora", o bem universal. Este (suprassentido), inalcançável na dimensão humana, se traduz no parâmetro que torna inteligível o sentido contingente reconhecido pela consciência. Tudo que entendemos na esfera de relatividades do valor está sempre, implicitamente, referido ao não relativo.

Isto é, esse parâmetro incondicionado aparece como condição de possibilidade para qualquer juízo humano de valoração.[19] Esse modelo absoluto – que Frankl liga ao homem por intermédio de uma experiência pessoal com a consciência moral – se revela como o princípio fundamental preexistente que se fenomenaliza, de maneira perspectivada, em todas as formas de experiência ética valorada positivamente e cuja falta se faz sentir nas experiências valoradas negativamente: trata-se – insistimos – da pedra angular de toda a ordem de valores. Para Frankl, portanto, por trás da consciência moral, haveria um ideal de dever-ser que se funda em outro plano,

---

19 "Em suma: a pessoa espiritual é acionada pela transcendência, isto é, pelo 'supersentido', por um absoluto e, com certeza, pelo mundo objetivo do sentido, isto é, por um mundo significativo, objetivo. Em outras palavras, como disse Hegel: O 'espírito subjetivo' é acionado pelo 'espírito absoluto' e determinado pelo 'espírito objetivo'" (FRANKL, 1978, p. 155).

não se reduzindo aos ditames pseudomorais do superego psicanalítico. O autor detém-se no embate contra a ausência de um projeto antropológico, de uma ideia de modelo absoluto de homem, que se coadune com uma ética teleológica. Para fora da compreensão do ser humano em relação à transcendência, criam-se as condições lógicas fundamentais para as mais diversas formas, no campo da ética e da antropologia filosófica, de convencionalismos, ceticismos e niilismos, os quais, em última instância, tendem a negar o sentido da vida humana.

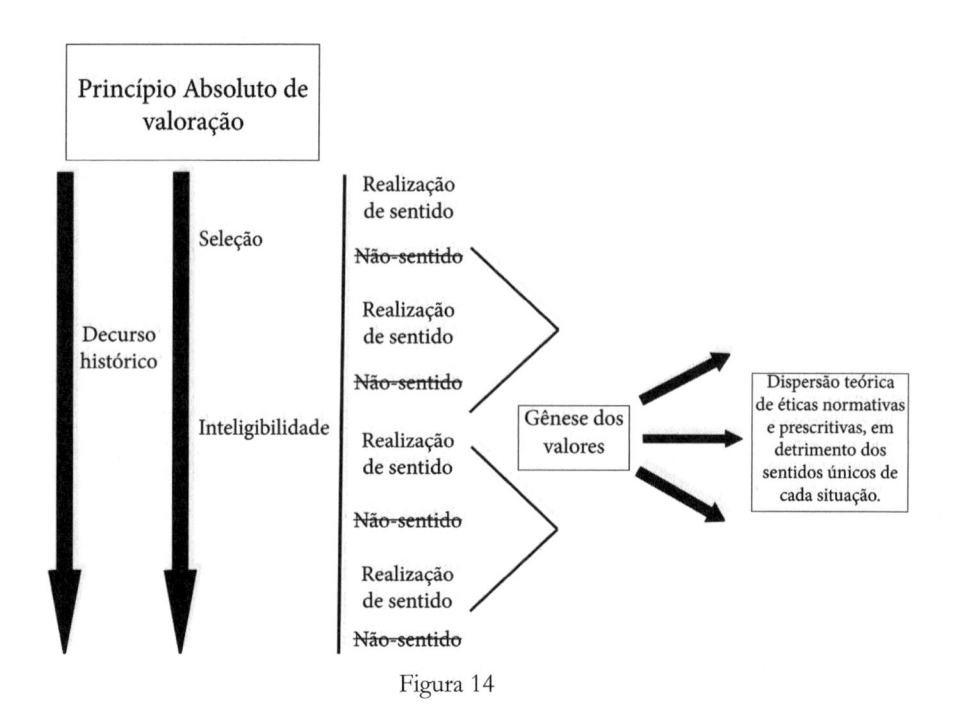

Figura 14

No que diz respeito aos diversos *loci* históricos de moralidade, isto é, os valores históricos de cada tradição cultural, Frankl os entende como parâmetros coletivos derivados da experiência individual e singular de cada homem na busca do sentido, isto é, como uma espécie de jurisprudência moral que serve à hora histórica, como vemos na figura 14. Em cada uma dessas "possibilidades gerais de sentido" (FRANKL, 2003a, p. 79), percebe-se a presença de um mesmo princípio fundamental ordenador, que o decurso histórico apenas foi selecionando e explicitando, não criando. Por sua vez, o sentido é o fator dinâmico, nunca universalizável, cuja realidade independente se faz inteligível através da consciência moral, que apresenta o Absoluto ao homem através de uma experiência eminentemente pessoal, o que justifica, em Frankl, a pertinência de usar-se o nome "Deus".

O sentido, a possibilidade singular de maior valor que reside por trás de uma "pergunta" apresentada por uma situação vivida, não pode ser encerrado em normatização positiva alguma, tampouco reduzido a justificações lógicas. Logo, quebra-se, aí, a relação necessária de determinação que se faz crer existir entre valor-moral-histórico e sentido.[20] Não são os valores que poderão dizer o que tem ou não sentido e, sim, a realização contínua e histórica de sentidos semelhantes (apesar de sempre singulares) que poderão mapear e constituir os valores históricos. Essa ruptura já afasta a possível proposta de uma ética puramente prescritiva, instituindo um fator dinâmico essencial, já que os valores, como modelo de norma, têm a compreensão de sua gênese modificada, ainda que se respeite a legitimidade de sua constituição como possíveis fontes a partir das quais o homem poderá guiar-se. Por princípio, nada contra os valores e a tradição, mas tudo em favor do sentido.

> O que quero dizer com isso é que o sentido não pode ser transmitido, tampouco se pode tomá-lo pelas mãos da tradição. É algo único e irrepetível. Como podem a tradição ou nossos pais saber que classe de deveres ou situações concretas deve se impor a nós? Por isso *creio que o descobrimento do sentido é essencialmente independente da tradição*. Simplesmente, não há volta atrás. Creio que foi Novalis que disse que a escada pela qual subiu a humanidade foi derrubada. Não podemos voltar e descer, porque já não há mais escada (FRANKL, 2001, p. 38, grifos nossos).

A compreensão do sentido é dinâmica, intuitiva, pré-reflexiva. Daí a impossibilidade de afirmar o que é o sentido: não se pode dar ou prescrever sentido. Isto equivaleria, aí sim, a uma *moralização* da imposição de um referencial externo pautado por uma ordem cristalizada de valores, em detrimento de uma experiência pessoal com o Absoluto, como fundamento da responsabilidade e da autenticidade da ação humana num universo moral. Ora, a pessoa espiritual, ontologicamente, já é compreendida como um ser que busca

---

20 Tal ressalva se faz particularmente cabível quando se leva em consideração que a logoterapia é frequentemente acusada de ser axiologicamente autoritária (FRANKL, 2011, p. 196), achando-se na condição de "prescrever" sentido.

o sentido, em outras palavras, como ser-para-o-bem.²¹ Assegura-se, dessa forma, um lugar ontológico para o agir ético. Frankl propõe uma espécie de reconciliação entre ética e ontologia, e é nesse raciocínio que podemos, agora, falar de uma *ontologização da moral*, expressão do autor, a qual bem resume os resultados de nossa investigação:

> Voltando ao sentimento da falta de sentido, releva ponderar que o sentido não pode ser dado. Dar sentido resultaria em moralização. Ora, *a moral no sentido antigo em breve estará fora do jogo*. Mais cedo ou mais tarde teremos abandonado a moralização, *ontologizando a moral*. O bem e o mal já não se definirão como algo que devemos fazer ou que não nos é permitido fazer, respectivamente. Será considerando bom aquilo que nos leva à realização do sentido oferecido e reclamado pela nossa realidade ontológica e mau aquilo que obstaculiza a realização do sentido (FRANKL, 1990, p. 18, grifos nossos).

Cremos, neste momento, ter conseguido analisar, de maneira minimamente satisfatória, as linhas fundamentais de compreensão do conteúdo ético presente no pensamento de Viktor Frankl. O psiquiatra vienense costumava dizer que seu *experimentum crucis* lhe propiciou a vivência de uma existência nua. No campo de concentração, sem pertence algum, sem família, sem os próprios pelos do corpo, sob a ameaça constante de uma morte quase iminente, o que, afinal, poderia querer um ser humano? O que esse prisioneiro, em particular, viu nos campos de concentração foi o desdobramento da singularidade humana nas mais extremas condições de privação. Mais do que uma massa de indiferentes, sob a pressão esmagadora no sentido de viverem, meramente, uma vida uniforme e biológica, violentada pela experiência totalitária, viu-se o humano naquilo que ele decidira ser. Viram-se homens desistindo de viver, suicidando-se nas cercas eletrificadas ou não mais se levantando para o trabalho, aguardando a morte; viram-se prisioneiros sabotar a vida de outros prisioneiros; viram-se oficiais nazistas arriscarem-se para amenizar o sofrimento dos encarcerados; viram-se pessoas comuns transformando-se em santos e heróis, em extremos de autossacrifício. Viu-se muito.

---

21 "Daí, segue que um psicoterapeuta não deve impor valores ao paciente. Este deve consultar a própria consciência. E se me perguntarem – como sempre o fazem – se esse tipo de neutralidade deveria ser mantido até mesmo no caso de um Hitler, eu responderia que sim, posto que tenho certeza de que Hitler jamais se teria transformado no que se transformou se não tivesse *suprimido* interiormente a voz da própria consciência" (FRANKL, 2011, p. 86).

Viu-se, sobretudo, uma imagem de homem cuja atitude perante a vida – mais do que determinada – dependia, em última instância, de uma decisão pessoal. O testemunho de esperança que Frankl nos legou em sua empreitada de "reumanização da psicoterapia" (FRANKL, 2003b, p. 6) partiu de uma grande aposta no ser humano: até na mais desumanizada das condições exteriores, o homem encontra-se livre para transcender-se a si próprio em busca de uma justificação moral para a própria existência. Se os horrores da II Guerra Mundial serviram para mostrar de que o ser humano é capaz, também tais atrocidades só acabaram por confirmar que, nesse sentido, *tudo vai depender do homem*, pois, como menciona o próprio Frankl, "bem" e "mal" são duas potencialidades igualmente latentes no ser humano.[22] É nesse sentido que podemos entender a única distinção essencial que, em última instância, pode vir a diferenciar os seres humanos: "De tudo isso, podemos aprender que existem sobre a terra duas raças humanas e, realmente, apenas essas duas: a 'raça' das pessoas direitas e a das pessoas torpes" (FRANKL, 1985a, p. 83). Se, em última análise, essa é a única distinção que interessa, a humanidade deveria parar de ocupar-se com a criação de barreiras alimentadas pelo "narcisismo das pequenas diferenças" e rumar no sentido de uma ideia unitária de ser humano. No contexto posterior a uma guerra que levou o ódio racial e as mais violentas formas de segregação às últimas consequências, o pai da logoterapia nos conclama à consciência da unidade do gênero humano, "sob cuja luz as diferentes cores de nossa pele desapareceriam[23]" (FRANKL, 2011, p. 124). Eis a utopia frankliana:

> Milhares de anos atrás, a humanidade lutou pela fé num Deus único – pelo monoteísmo; – mas onde fica o saber de uma humanidade única, um saber que eu gostaria de chamar de *monantropismo*? O saber em torno da unidade da humanidade, uma

---

22 "A vida no campo de concentração ensejava sem dúvida o rompimento de um abismo nas profundezas extremas do ser humano. Não deveria surpreender-nos o fato de que essas profundezas punham a descoberto simplesmente a natureza humana, o ser humano como ele é – uma liga do bem e do mal! A ruptura que perpassa toda a existência humana e distingue bem e mal alcança mesmo as mais extremas profundezas e se revela até no fundo desse abismo aberto pelo campo de concentração" (FRANKL, 1985a, p. 84).

23 "Eu não sou contra a discriminação. Na verdade, obviamente, eu não sou a favor de uma discriminação racial, mas, sim, de uma discriminação radical. Isto é, eu sou a favor do julgamento individual no solo da única 'raça' que cada um representa por si. Em outras palavras, sou a favor de uma discriminação pessoal, mais do que racial" (FRANKL, 2011, p. 124).

humanidade que ultrapassa todas as diversidades, quer as da cor da pele, quer as da cor dos partidos? (FRANKL, 2003a, p. 28).

Frankl sabia que o pessimismo havia sido o grande legado da II Guerra Mundial. Deixamos de acreditar em qualquer forma de "progresso automático", e nosso impulso para ação passou a encontrar fôlego em outra fonte. Contudo, é exatamente aí que o desafio à responsabilidade se torna mais crítico e necessário, como nunca antes.

> Teríamos que atentar para isto: hoje não podemos mais simplesmente desconsiderar com otimismo barato o que os últimos tempos trouxeram consigo. Tornamo-nos pessimistas. Não acreditamos mais no progresso pura e simplesmente, num desenvolvimento da humanidade como em algo que se realizaria por si mesmo. A crença cega no progresso automático tornou-se um negócio de *filisteu satisfeito* – hoje essa crença seria *reacionária*. Hoje sabemos do que o homem é capaz. [...] Antigamente, o ativismo estava ligado ao otimismo, enquanto hoje o ativismo tem como pressuposto o pessimismo. Pois hoje todo impulso para a ação vem do conhecimento de que não existe progresso no qual podemos confiar de corpo e alma; se hoje nós não podemos cruzar os braços é exatamente *porque depende de cada um de nós o quê e o quanto algo 'progride'*. Com o que estamos, aliás, conscientes de que só *há progresso interior de cada indivíduo*; o progresso geral, porém, constitui-se, quando muito, em progresso técnico – que se impõe a nós, sem mais, como progresso, exatamente porque vivemos em uma era técnica. Conseguimos agir simplesmente a partir de nosso pessimismo, exclusivamente a partir da nossa atitude cética ainda estamos em condição de agir; o velho otimismo, porém, apenas nos adormece e assim propiciaria o ainda que róseo fatalismo. Antes um ativismo sóbrio que este fatalismo cor de rosa! (FRANKL, 1981, p. 64-65, grifos nossos).

Cremos, portanto, que a maior mensagem dessa "ética do sentido da vida" resida na apologia de que nossa realidade ontológica não se esgota na liberdade: somos responsáveis pelo sentido de nossas vidas e, em última análise, pelo destino da própria humanidade. Frankl chegou a afirmar que, se viesse a existir algo como um "movimento logoterapêutico", este, na verdade, seria um movimento pelos direitos humanos.[24] Logo, ainda hoje, parece mais do que atual a advertência que o médico vienense já fizera há

---

24 "Se há, como alguns autores pretendem, algo como um 'movimento logoterapêutico', ele, certamente, é um movimento pelos direitos humanos, pois se concentra no direito humano a uma vida tão cheia de sentido quanto possível" (FRANKL, 2011, p. 207).

mais de setenta anos: "Portanto, fiquemos alerta – alerta em duplo sentido: desde Auschwitz nós sabemos do que o ser humano é capaz. E desde Hiroshima nós sabemos o que está em jogo" (FRANKL, 1985a, p. 129).

REFERÊNCIAS

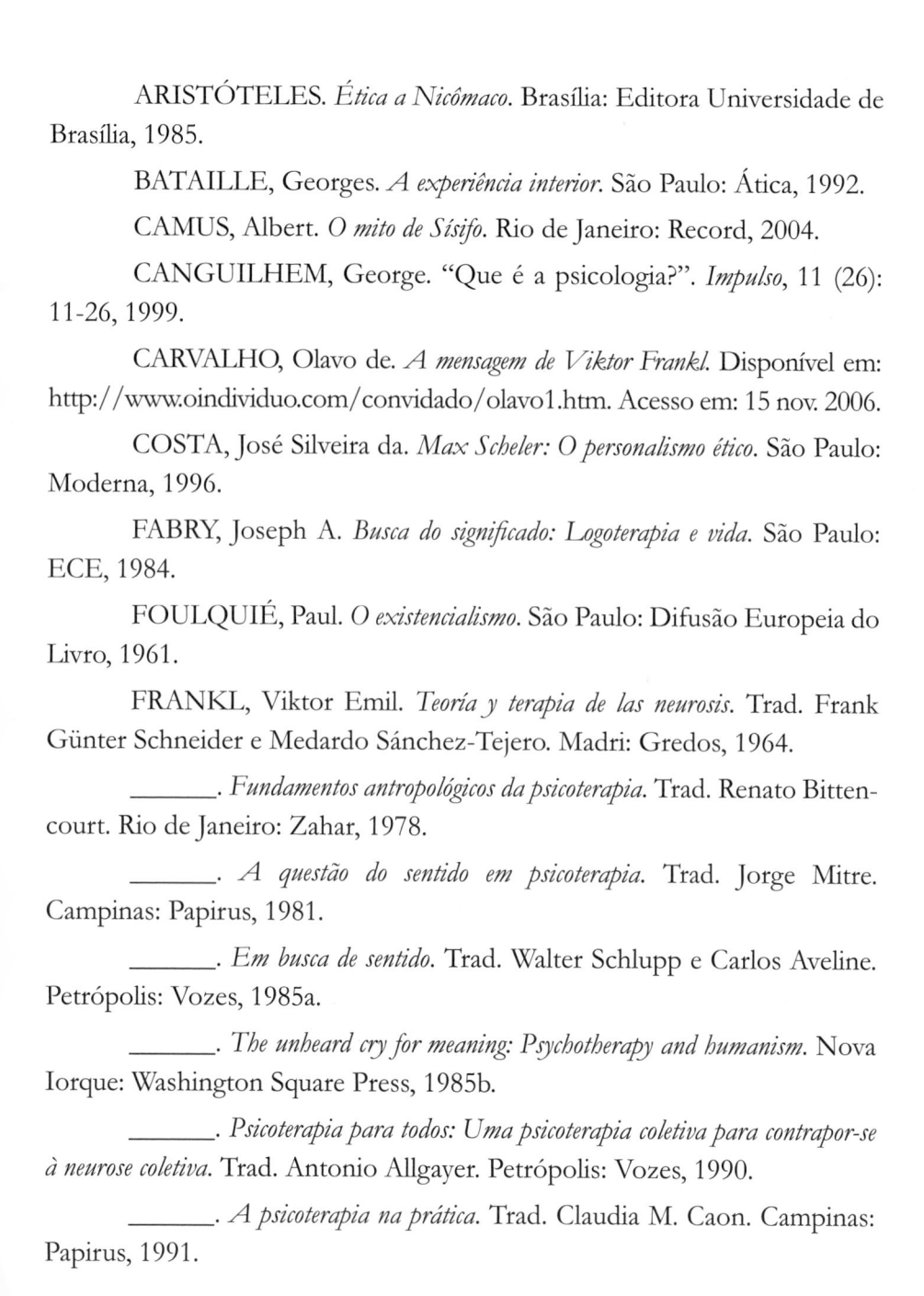

ARISTÓTELES. *Ética a Nicômaco*. Brasília: Editora Universidade de Brasília, 1985.

BATAILLE, Georges. *A experiência interior*. São Paulo: Ática, 1992.

CAMUS, Albert. *O mito de Sísifo*. Rio de Janeiro: Record, 2004.

CANGUILHEM, George. "Que é a psicologia?". *Impulso*, 11 (26): 11-26, 1999.

CARVALHO, Olavo de. *A mensagem de Viktor Frankl*. Disponível em: http://www.oindividuo.com/convidado/olavo1.htm. Acesso em: 15 nov. 2006.

COSTA, José Silveira da. *Max Scheler: O personalismo ético*. São Paulo: Moderna, 1996.

FABRY, Joseph A. *Busca do significado: Logoterapia e vida*. São Paulo: ECE, 1984.

FOULQUIÉ, Paul. *O existencialismo*. São Paulo: Difusão Europeia do Livro, 1961.

FRANKL, Viktor Emil. *Teoría y terapia de las neurosis*. Trad. Frank Günter Schneider e Medardo Sánchez-Tejero. Madri: Gredos, 1964.

_____. *Fundamentos antropológicos da psicoterapia*. Trad. Renato Bittencourt. Rio de Janeiro: Zahar, 1978.

_____. *A questão do sentido em psicoterapia*. Trad. Jorge Mitre. Campinas: Papirus, 1981.

_____. *Em busca de sentido*. Trad. Walter Schlupp e Carlos Aveline. Petrópolis: Vozes, 1985a.

_____. *The unheard cry for meaning: Psychotherapy and humanism*. Nova Iorque: Washington Square Press, 1985b.

_____. *Psicoterapia para todos: Uma psicoterapia coletiva para contrapor-se à neurose coletiva*. Trad. Antonio Allgayer. Petrópolis: Vozes, 1990.

_____. *A psicoterapia na prática*. Trad. Claudia M. Caon. Campinas: Papirus, 1991.

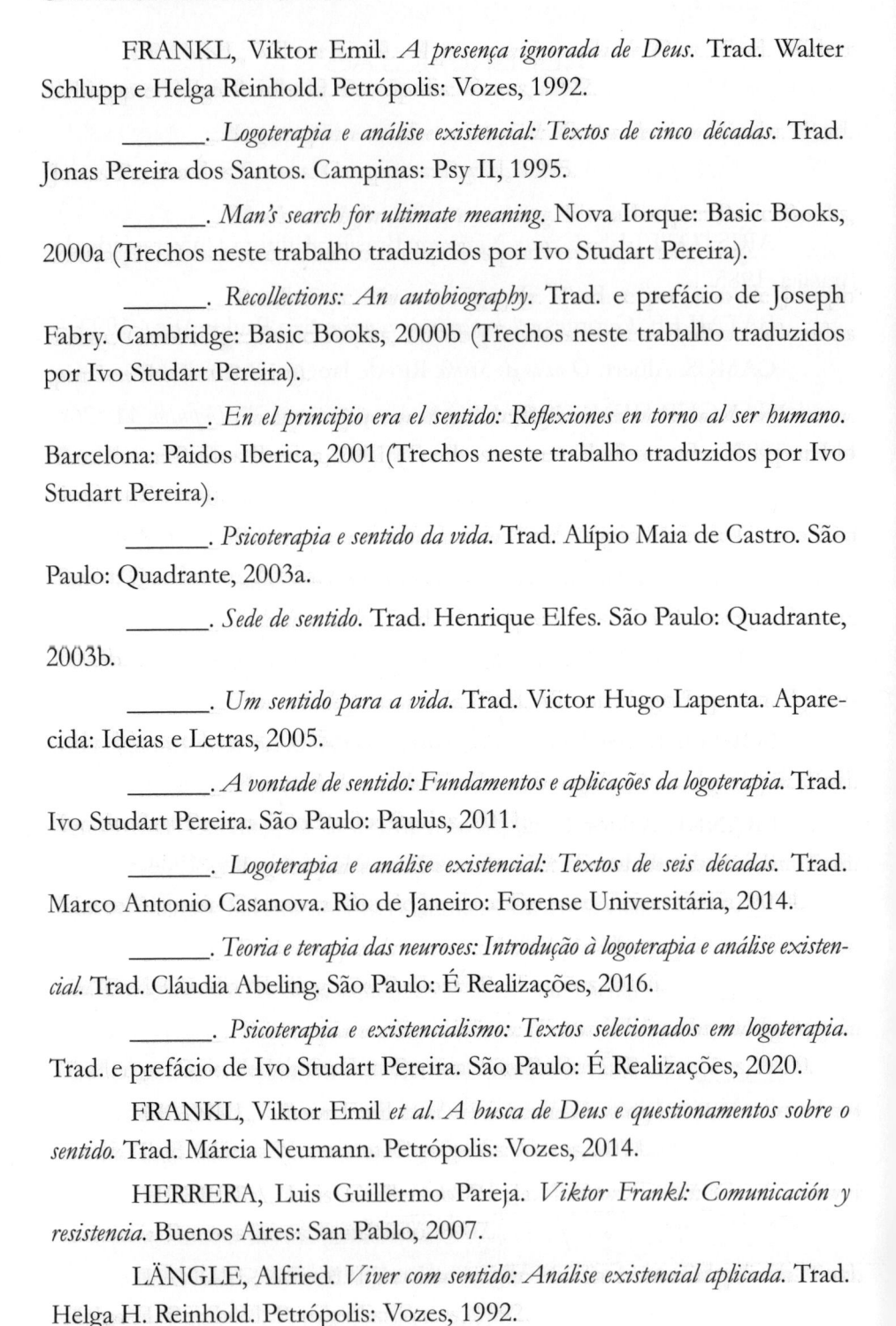

FRANKL, Viktor Emil. *A presença ignorada de Deus*. Trad. Walter Schlupp e Helga Reinhold. Petrópolis: Vozes, 1992.

_____. *Logoterapia e análise existencial: Textos de cinco décadas*. Trad. Jonas Pereira dos Santos. Campinas: Psy II, 1995.

_____. *Man's search for ultimate meaning*. Nova Iorque: Basic Books, 2000a (Trechos neste trabalho traduzidos por Ivo Studart Pereira).

_____. *Recollections: An autobiography*. Trad. e prefácio de Joseph Fabry. Cambridge: Basic Books, 2000b (Trechos neste trabalho traduzidos por Ivo Studart Pereira).

_____. *En el principio era el sentido: Reflexiones en torno al ser humano*. Barcelona: Paidos Iberica, 2001 (Trechos neste trabalho traduzidos por Ivo Studart Pereira).

_____. *Psicoterapia e sentido da vida*. Trad. Alípio Maia de Castro. São Paulo: Quadrante, 2003a.

_____. *Sede de sentido*. Trad. Henrique Elfes. São Paulo: Quadrante, 2003b.

_____. *Um sentido para a vida*. Trad. Victor Hugo Lapenta. Aparecida: Ideias e Letras, 2005.

_____. *A vontade de sentido: Fundamentos e aplicações da logoterapia*. Trad. Ivo Studart Pereira. São Paulo: Paulus, 2011.

_____. *Logoterapia e análise existencial: Textos de seis décadas*. Trad. Marco Antonio Casanova. Rio de Janeiro: Forense Universitária, 2014.

_____. *Teoria e terapia das neuroses: Introdução à logoterapia e análise existencial*. Trad. Cláudia Abeling. São Paulo: É Realizações, 2016.

_____. *Psicoterapia e existencialismo: Textos selecionados em logoterapia*. Trad. e prefácio de Ivo Studart Pereira. São Paulo: É Realizações, 2020.

FRANKL, Viktor Emil et al. *A busca de Deus e questionamentos sobre o sentido*. Trad. Márcia Neumann. Petrópolis: Vozes, 2014.

HERRERA, Luis Guillermo Pareja. *Viktor Frankl: Comunicación y resistencia*. Buenos Aires: San Pablo, 2007.

LÄNGLE, Alfried. *Viver com sentido: Análise existencial aplicada*. Trad. Helga H. Reinhold. Petrópolis: Vozes, 1992.

LÄNGLE, Alfried. "A vivência-do-ser como chave da experiência-de-sentido". In: FRANKL, Viktor Emil (org). *Dar sentido à vida*. Petrópolis: Vozes, 1992.

LASTÓRIA, Luiz Antonio Calmon Nabuco. *Psicologia sem ética? Uma reflexão histórica e filosófica da psicologia*. Piracicaba: Editora Unimep, 2004.

LUKAS, Elizabeth. *Logoterapia: A força desafiadora do espírito*. Trad. José de Sá Porto. São Paulo: Loyola, 1989a.

_____. *Prevenção psicológica: A prevenção de crises e a proteção do mundo interior do ponto de vista da logoterapia*. Trad. Helga Hinkenickel Reinhold. Petrópolis: Vozes, 1989b.

_____. *Psicologia espiritual*. Trad. Edwino Royer. São Paulo: Paulus, 2002.

MACINTYRE, Alasdair. *Depois da virtude: Um estudo em teoria moral*. Trad. Jussara Simões. Bauru: EDUSC, 2001.

MANNONI, Octave. *Freud: Uma biografia ilustrada*. Rio de Janeiro: Zahar, 1993.

OLIVEIRA, Manfredo Araújo. *Ética e práxis histórica*. São Paulo: Ática, 1995.

PENNA, Antonio Gomes. *Introdução à história da psicologia contemporânea*. Rio de Janeiro: Zahar, 1980.

PEREIRA, Ivo Studart. *Tratado de logoterapia e análise existencial: Filosofia e sentido da vida na obra de Viktor Emil Frankl*. São Leopoldo: Sinodal, 2020.

PINTOS, Claudio García. *Un hombre llamado Viktor*. Buenos Aires: San Pablo, 2007.

SCHELER, Max. *A posição do homem no cosmos*. Trad. Marco Antonio Casanova. Rio de Janeiro: Forense Universitária, 2003.

STEINBERG, Saul. *Sem título*. Sem título (1948). 14x11 cm. Tinta sobre papel. Beinecke Rare Book and Manuscript Library, Yale University. Disponível em: http://www.steinbergfoundation.com/gallery_untitled1948.html. Acesso em: 20 out. 2006.

TUGENDHAT, Ernst. "Antropología como filosofía primera". Estud.filos, 34: 323-244, ago. 2006 (Medellín).

Disponível em: http://www.scielo.org.co/scielo.php?script=sci_arttext&pid=S0121-36282006000200013&lng=en&nrm=iso. Acesso em: 24 jul. 2020.

VAZ, Henrique Cláudio de Lima. *Antropologia filosófica I*. São Paulo: Loyola, 1991.

_____. *Antropologia filosófica II*. São Paulo: Loyola, 1992.

_____. *Escritos de filosofia II:* *Ética e cultura*. São Paulo: Loyola, 1993.

_____. *Escritos de filosofia V: Introdução à ética filosófica 2*. São Paulo: Loyola, 2000.

VOLKMER, Sérgio Augusto Jardim. *O perceber do valor na ética material de Max Scheler*. Porto Alegre, Pontifícia Universidade Católica do Rio Grande do Sul, 2006, 126 p. (Dissertação de mestrado em Filosofia).

XAUSA, Izar Aparecida de Moraes. *A psicologia do sentido da vida*. Petrópolis: Vozes, 1986.

Esta obra foi composta em sistema CTcP
Capa: Supremo 250 g – Miolo: Book Ivory Slim 65 g
Impressão e acabamento
Gráfica e Editora Santuário